本书得到北京石油化工学院科技创新资助项目资助

经济管理学术文库·经济类

外资引进与中国涉农企业全要素生产率：

创新的传导作用

IFDI and Total Factor Productivity of Chinese Agricultural Enterprises:
The Transmission Effect of Innovation

韩　嫣／著

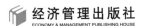

经济管理出版社

ECONOMY & MANAGEMENT PUBLISHING HOUSE

图书在版编目（CIP）数据

外资引进与中国涉农企业全要素生产率：创新的传导作用/韩嫣著.—北京：经济管理出版社，2021.6

ISBN 978 - 7 - 5096 - 8055 - 1

Ⅰ.①外…　Ⅱ.①韩…　Ⅲ.①外资引进—关系—农业企业—全要素生产率—研究—中国

Ⅳ.①F831.6②F323.5

中国版本图书馆 CIP 数据核字（2021）第 108405 号

组稿编辑：郭　飞
责任编辑：曹　靖　郭　飞
责任印制：张馨予
责任校对：张晓燕

出版发行：经济管理出版社
　　　　　（北京市海淀区北蜂窝 8 号中雅大厦 A 座 11 层　100038）
网　　址：www. E - mp. com. cn
电　　话：（010）51915602
印　　刷：唐山玺诚印务有限公司
经　　销：新华书店
开　　本：720mm × 1000mm/16
印　　张：12
字　　数：181 千字
版　　次：2021 年 12 月第 1 版　　2021 年 12 月第 1 次印刷
书　　号：ISBN 978 - 7 - 5096 - 8055 - 1
定　　价：78.00 元

序

自改革开放以来，中国不断吸引外资、引进先进技术和管理经验。20 世纪 90 年代初，外商直接投资（FDI）进入迅速增长阶段，改革开放后半期，政府对农业给予了极大重视，农业外商直接投资也逐渐增加。然而，在农业领域，有关外商直接投资的微观实证研究较为欠缺。外资进入农业领域对中国涉农企业全要素生产率（TFP）会产生积极影响还是挤出效应？来自不同关联行业的外商直接投资溢出效应是否一致？FDI 对何种吸收能力水平的涉农企业 TFP 能够发挥较好的促进作用？在 FDI 对涉农企业 TFP 的溢出中，有多少是通过创新来传导的？不同地区 FDI 溢出效应是否存在差异？这些问题对于认识 FDI 对涉农企业生产率影响的内在机制，以及为政府和企业更好地优化农业领域利用外资提出相关建议，具有重要的意义。

基于以上问题，本书首先梳理了国际以及中国外资政策的演变，并分析了中国外商投资的发展历程以及农业外商直接投资与生产率的现状与特点。其次，采用中国涉农企业数据，对企业全要素生产率进行了测算，将 FDI 溢出效应分解为六个渠道，分别基于产业内和产业间关联视角考察其对涉农外商投资企业以及内资企业的溢出效应，并分析了吸收能力的门槛作用以及省内外 FDI 溢出的差异。再次，对 FDI 溢出中创新的中介效应进行了检验，并考察了不同所有制外商投资企业溢出效应的区别。此外，分别考察了六大地区 FDI 对涉农企业的溢出效应。最后，采用宏观数据，检验了省级层面 FDI 对农业全要素生产率的影响。

本书的特色主要体现在以下几个方面：首先，从微观层面介绍了 FDI 对我国农业全要素生产率的作用机制，并分别基于水平和垂直视角，探究了同行业和上下游行业 FDI 对涉农企业全要素生产率的影响；其次，基于企业异质性视角，总结了企业吸收能力对 FDI 溢出效应的调节作用以及 FDI 对不同所有制涉农企业的溢出效应；最后，比较了不同类型 FDI 对涉农企业产生的影响，分析了 FDI 溢出中创新的传导作用，为相关专业学生提供一个更全面看待跨国投资的视角，对读者了解农业领域外商投资相关知识具有较好的启发作用。

笔者自 2015 年开始在我国著名农业经济专家、中国农业大学经济管理学院博士生导师、农业农村部市场预警专家、国家"粮食法"起草专家组专家武拉平教授的指导下，进行了有关农业国际投资与贸易的研究。期间参与了"粮食企业'走出去'的经验及启示""巴西、阿根廷、澳大利亚、新西兰农业支持政策分析研究""主要农产品出口市场饱和度和贸易壁垒监测预警研究"等多项有关农业外商投资和国际贸易的国家级、省部级课题研究，在《国际贸易问题》等核心期刊上发表多篇学术论文。

本书是在笔者博士阶段相关研究基础上完成的，在此，特别感谢一直予以悉心指导的武拉平教授以及为笔者提出诸多改进建议的专家和同门。本书相关研究得到了国家留学基金委"国家建设高水平大学公派研究生项目"的资助，在此表示感谢！由于笔者水平有限，编写时间仓促，所以书中错误和不足之处在所难免，恳请广大读者批评指正。

韩 嫣

2021 年春于北京

前　言

改革开放 40 多年来，我国不断吸引外资、引进先进技术和管理经验，实现了经济的较快发展。回顾历史，通过建立特区、吸引外资、引进吸收、学习转化，我国探索出了一种中外合资、中外合作的模式，这一模式对推动我国不断创新和生产力发展发挥了重要作用（董文英，2015），这一模式的成效在制造业领域尤为显著（吉生保等，2016）。在农业领域，外商投资的作用究竟如何？从直观上来看，一些育种企业通过引进外资、合资建场，共同培育新品种，一些农机企业通过中外合资合作研发新技术，一些饲料企业通过合资合作共同研发饲料产品，这些都在不同程度上对创新产生了直接促进和间接溢出效应，从而进一步提升了企业的生产率。

我国农业在国内各行业中的比较利益较低，在国际市场中的比较优势不突出，长期以来农业投资没有得到政府的足够重视。在改革开放的前期，由于我国产业结构特点和国内资源禀赋的实际情况，我国将制造业作为国民经济发展的重点，通过引进外资、增加投资，实现了制造业的快速发展。但改革开放后半期（特别是自 21 世纪以来），政府对农业给予了极大的重视，国内投资和吸引外资逐渐增加（左媚，2013）。2006 年，我国农业吸引的外商直接投资额为 59945 万美元（折合人民币 48 亿元），而到 2016 年达到 189770 万美元（折合人民币 126

亿元），年均增长 12.21%，同期全社会农业固定资产投资也快速增加，年均增速达到 24.63%。到 2016 年，我国农业领域的全社会固定资产投资达 24853.13 亿元①。

当前，中国经济已由高速增长阶段转向高质量发展阶段，"十三五"规划中特别指出企业要通过提高自身全要素生产率来实现更好的发展，中国经济也要更注重发展质量和效率，提高全要素生产率。索洛经济增长理论也认为，全要素生产率是一国经济增长的关键所在，而新熊彼特增长理论认为，创新是一国经济保持长久稳定发展的源泉。同时，我国农业处在供给侧结构性改革的重要时期，技术成为农业生产发展的重中之重和农业经济的核心内容。在农业发展中引进外资对于促进资本形成、技术转移和产业升级都具有十分重要的意义。因此，回顾自改革开放以来我国吸引农业外商投资的发展变化，从企业和地区层面评估 FDI 对我国农业全要素生产率（Total Factor Productivity，TFP）的影响，并考察创新在 FDI 与 TFP 之间所起的中介作用，具有重要意义。同时，我国农业也在不断融入全球农业之中，通过总结中国涉农企业②吸引外资的经验和模式，也有助于我国农业"走出去"，为其他发展中国家提供中国方案和中国模式。

经济增长理论认为，经济体的增长来源于技术进步以及资本、劳力等要素投入的增加。因此，想要促进农业经济的发展，除了吸引外资之外，还应注重农业自主创新和技术进步。自改革开放以来，我国政府对农业技术创新给予了高度重视，2016 年发布的《国务院关于农林科技创新工作情况的报告》中提到，总体上，我国农林科技整体研发水平在发展中国家居领先地位，农业科技进步贡献率在 2015 年达到了 56%，农业发展已经进入更加依靠科技进步的新阶段。实际上，我国农业科技进步贡献率一直在稳步上升，从 2012 年的 53.5% 提高到了 2019 年的 58.3%。2019 年发布的《创新驱动乡村振兴发展专项规划（2018—2022 年)》

---

① 资料来源：中国国家统计局。
② 涉农企业包括农业及其上下游关联产业企业。

中提到，规划以农业农村现代化为总目标，坚持农业农村优先发展总方针，到2022年，创新驱动乡村振兴发展取得重要进展，农业科技进步贡献率达到61.5%以上，实现农业科技创新有力支撑全面建成小康社会的目标。尽管中国农业科技贡献率不断提高，但与发达国家仍有较大差距，农业技术水平和自主创新能力有待提高。

全要素生产率的经济学含义为资源（人力、物力、财力等）开发利用的效率，本书以此来定义全要素生产率，而不是简单地将其等同于技术。创新是指将想法或发明转化为可以创造价值的商品或服务的过程，在实际中，创新通常是在企业想要进一步满足客户需求和期望时进行的。本书采用创新的产出——专利申请量来衡量涉农企业的自主创新。本书的研究目的是分析FDI对涉农企业全要素生产率的溢出效应，并进一步考察创新所起的中介作用。我们关注的是涉农企业的全要素生产率和创新，无论企业申请的专利是否与农业有关，都属于该涉农企业的创新成果，且都可能对该企业的TFP产生影响，因此，本书中的专利包括涉农企业在该年申请的所有专利。目前，国内有关农业FDI与农业全要素生产率的研究中，鲜有学者探究FDI对农业TFP影响的传导机制。大量文献显示，技术进步是生产率增长的重要源泉，早期甚至有学者直接将技术进步等同于全要素生产率增长。而技术外溢效应被认为是FDI影响东道国技术进步最重要的方式之一，在带来先进技术的同时，FDI是否也对中国自身的农业TFP产生了积极影响？在世界各国越来越重视通过FDI溢出效应获取新知识的环境下，研究外资在中国农业领域产生的溢出效应无疑具有重要意义。溢出效应（Spillover Effect）是指一个组织看似无关的事件可能对其他组织产生的影响，是除该事件产生的主要效应之外的次要效应，简言之，就是某事件产生的外部性是事件主体非预期的行为。

涉农企业接受FDI后，外资对其自身的全要素生产率会有直接影响，同时，对本行业中的其他涉农企业TFP也会产生水平方向的溢出，除此之外，对上下游行业中的企业也会存在垂直方向的溢出。鉴于企业间的异质性以及不同省份经济发展水平、资源禀赋与政策等的差异，外资进入对不同类型涉农企业、不同地区农业全要素生产率产生的影响也不尽相同，对一些企业的全要素生产率可能会产生积极的促进作用，而对另一些企业则形成一定的冲击，同时对其他企业可能没有显著影响。因此，探讨我国不同所有制涉农企业、不同地区 FDI 溢出效应的差异，并探询产生该差异的原因无疑对我国各类型涉农企业、各地区有针对性地利用外资促进企业自身及当地农业生产率的进步有着重要的现实意义。因此，本书基于 FDI 溢出理论、创新理论和经济增长理论，从企业和宏观层面对 FDI 与农业全要素生产率的关系进行理论分析，并运用实证模型进行检验，不仅能够从微观和宏观角度检验我国农业领域外资"引进来"和"以市场换技术"政策的有效性，揭示外资促进农业全要素生产率提高的作用机理，而且对我国各地区、不同类型涉农企业引进外资具有指导意义。

目　录

第一章 中国农业 FDI 与 TFP 发展

中华人民共和国成立以来，中国经济快速增长，成为了国内生产总值位居世界第二的工业大国，是世界主要外资来源地与投资目的地。在这 70 多年中，中国根据自身的发展状况及国际局势，对外商投资政策进行了一系列调整，外资流量不断增加，且在各发展阶段呈现出不同的特点。本章旨在梳理国际与中国外资政策的演变，并分析我国外商投资、农业外商直接投资（FDI）的发展历程以及农业全要素生产率（TFP）现状。

第一节 国际外资政策演变与中国外资引进

一、国际外资政策演变

由于外资对东道国经济发展存在多种积极影响，如增加国内投资、促进资本形成、吸纳劳动力就业、促进技术进步和产业结构升级、扩大外贸规模等，外资引进一直是各国尤其是发展中国家经济发展中重要的一环。随着国际经济环境的变化，各国的外资政策也随之进行调整，以保持本国吸引外资的优势。从目前来看，国际外资政策的演变可以分为三个阶段。

第一阶段，以激励性的优惠外资政策为主。东道国政府为外商投资企业提供一系列可测量的经济优惠政策，例如：投资补贴、免征进口税、降低企业收入税率等财政激励以及政府拨款、信用补贴、政府资本参与等金融激励。在国际投资中，东道国的政策环境在很大程度上影响着跨国公司的投资选择，政府为外企投资提供优惠政策，就能够吸引更多的跨国投资，同时减少资本抽回和转移投资。但这种简单的经济优惠政策很容易被模仿，20世纪80年代，随着各国中央及地方政府外资激励政策的大幅增加和聚集以及跨国公司经营战略的改变，激励政策对吸引外资的影响日趋弱化，而东道国经济状况、要素成本、基础设施建设完善程度和市场规模等逐渐成为影响外商投资区位选择的重要因素。

第二阶段，以投资促进性政策为主。各国根据自身的要素禀赋等实际情况，有针对性地制定产业化外资引进政策。同时，还要提供一个优良的基础设施和便利的商业环境。主要涉及的政策措施有：①外企成立条件、投资领域、待遇标准等。②对外商的保护措施：法律保护、国民待遇、货币可兑性、依照国际协定处理投资协议等。③贸易政策、并购要求、环境保护等。④东道国融入国际市场的一系列举措。在1991~2000年，世界各国涌现了大量有利于吸引外商直接投资的政策以及法规修改，包括放宽外资准入条件等。随着外资引进政策数量和强度的增加以及国际市场竞争的加剧，这种各国之间的政策竞争逐渐到达了底线，甚至对自身经济体制和社会公平造成损害，不利于国内企业的发展。

第三阶段，外资政策更加强调外企与国内产业的关联。由于许多国家在吸引外资时没有意识到外资与当地产业关联度的重要性，导致出现了"有增长无发展"的经济怪圈。跨国公司进入东道国后，会与当地企业形成一种由供需契约产生的前后关联，这种关联可以使大量外国子公司的先进技术、知识和管理经验转移或溢出到本地企业，提高了本地企业的竞争力，从而促进本地经济发展。同时，随着全球化的发展和国际分工的日益明确，企业所面临的竞争压力也逐渐增强，因此，要把有限的资源投入到核心业务中，把缺少比较优势的业务外包出去。因而，如果东道国企业能够迅速成长为跨国公司的合作伙伴，该地区就能够吸引大量相关行业的外商投资。该阶段的外资政策主要包括：加强信息共享、促进国内企业生产率发展和产业升级、加强国内企业研发资金和人才投入、推行出口导向型 FDI、积极扶持当地配套企业等。这种 FDI 政策在吸引外资的同时大大减少了对国内企业的挤出效应，同时，对国内相关企业的支持政策也日益增加。

二、中国外资引进体制与政策

中华人民共和国成立以来，中国外资政策从中华人民共和国成立初期的不断探索到改革开放后的不断调整，经历了一系列的演变，下文以经济发展阶段为背景，将我国外资政策演变划分为五个阶段。

（一）中华人民共和国成立初期的外资政策：1949～1977 年

中华人民共和国成立初期，中国的发展目标是从落后的农业大国转变为工业大国，在西方国家对我国施加经济封锁的同时，苏联成为第一个与中国建交的国家。1950 年，中苏两国在签订《中苏友好同盟互助条约》同时，双方还签订了《关于苏联贷款给中华人民共和国的协定》，并在协定中约定，苏联向中国中央人民政府提供贷款三万万美元。此外，在“第一个五年计划”期间，苏联向中国提供了技术援助，任命专家来帮助中国建立 156 个工业项目，促进了中国的电力、煤炭、钢铁行业的发展。然而，20 世纪 60 年代，随着中苏关系恶化，苏联撤销了对中国的援助，对中国经济造成了极大的损害。此后，中国采取了“不接受外国贷款、投资和援助”以及“无内、外债”的政策。直到 1978 年底，中国仍然坚持“两不”政策，即不向外国借款、不合资。

中华人民共和国成立初期，我国经济实力薄弱，引进外资可以弥补资金缺口，帮助我国实现经济复苏。1949 年《关于外交工作的指示》中对侵害国民经济安全的企业发出立即禁止的命令。1949 年 9 月中国设立外商投资企业管理局，只对遵守中国法令的外商投资企业进行保护。到 1962 年，所有外资企业全部退出中国市场。

总体来说，该阶段我国对外商投资的认识存在局限性，外资政策缺乏法律框架，外资来源地主要是苏联和东欧国家，且以对外借款为主，外资为我国带来的资金、先进技术和管理经验短期内促进了我国从农业国向工业国的转变。

（二）改革开放之初的外资政策：1978 ~ 1991 年

十年"文革"使中国经济发展缓慢，国内经济急需复苏，而经济和工业化发展均离不开外资的利用，1978 年，党的十一届三中全会将有效利用外资纳入未来发展目标。1979 年，第一部《中华人民共和国中外合资经营企业法》通过，成为中国第一部外商投资法。它明确规定了外汇产生的基本要求、限制合资企业的控制期。1982 年，第五届全国人大常务委员会将外商投资写入宪法修正案草案后，外商投资企业法律地位从根本上得到确立，为我国建立较为完善的外商投资法律体系奠定了基础。

该阶段外商投资主要集中在制造业，由于我国具有劳动力比较优势，外商投资企业多在中国生产劳动密集型产品。在外商投资区域开放方面，1978 年，凭借着优越的地理位置，广东成为了中国最早利用外资的省份之一。同年，深圳、珠海、汕头、厦门也被设为经济特区，通过减免进口关税和企业所得税来吸引外商在华办厂。

总体来看，该阶段我国外资引进注重"数量"而不是"质量"，缺乏政策引导，仍处于探索期；此外，我国外商投资主要来源于港澳地区；利用外资规模较小，且多流入劳动密集型行业。短期内促进了我国产品出口，但长期来看，这种拼资源的模式不利于经济可持续发展。

（三）南方谈话之后的外资政策：1992 ~ 2000 年

1992 年邓小平南方谈话明确肯定了外商投资对于经济发展的重要性。次年，我国正式提出建立社会主义市场经济体制的目标，基本建立了以产业导向为特点的外商投资政策体系，对外开放不断深化。1994 年，《关于进一步加强外商投资企业审批和登记管理有关问题的通知》的发布增强了审批和登记部门对外资管理的决策权。1995 年，国家计委、经贸委、外经贸部联合发布了《外商投资产业指导目录》，将外资项目分为鼓励、限制和禁止三类，此后又对其进行了多次修订，作为指导外商投资的依据。

从 20 世纪 90 年代初开始我国沿海地区逐步都实现了开放，进入 21 世纪后，随着对外开放的扩大和东部地区的发展，东部地区、西部地区之间的经济发展水平逐渐失衡。2000 年，我国实行了"西部大开发"战略，力求加快西部地区经济发展，缩小与东部沿海地区的差距。在行业方面，我国重点鼓励拥有高端技术的外商投资，同时鼓励外资流入服务业。为了推动我国产业结构升级，制定优惠政策鼓励外资进入制造业领域。

总体来看，该阶段我国利用外资规模迅速扩大，虽然外资质量得到了重视，但外商投资仍主要集中在劳动密集型行业，港澳地区仍是外资主要来源地。外资的大量流入，一方面弥补了国内资金缺口，促进了出口贸易增长，另一方面也对内资企业产生了一定的"挤出效应"，此外，重引资、轻管理，对外资企业监管的缺乏，也造成了国内资源的严重浪费。

（四）"入世"以来的外资政策：2001～2012 年

2001 年 12 月，中国正式加入了 WTO。按照 WTO"最惠国待遇"和"国民待遇"的原则，中国放宽了对外企进入国内市场的一系列限制，创造了更加宽松、更加便利的投资环境。与此同时，我国企业特别是外商投资企业面临着更加有利的国际环境，这也促进了中国 FDI 的快速增长。2005 年我国对《中华人民共和国公司法》进行了全面修改，规定条款同时适用于内资企业和外商投资企业。2008 年发布的《中华人民共和国企业所得税法》中规定，内外资企业实行 25% 的统一税率，在五年内完成并轨，以进一步吸引外资的流入。

商务部在 2003 年颁布的《外国投资者并购境内企业暂行规定》对外商投资可能带来的风险进行了规避。2007 年《中华人民共和国反垄断法》施行，以保护市场的公平竞争，在该阶段，我国也不再局限于出口导向型行业的鼓励，也不再通过稀缺资源来吸引外商投资，而是将外资引进重心向高技术行业转移。

从总体上看，该阶段我国利用外资的规模迅速增长。虽然中国利用外资仍然以港澳地区为主，但来源地范围越来越广，同时实现了内外资企业的共同发展。

（五）经济新常态下的外资政策：2013 年至今

2013 年，中国成为位列世界前三的外商投资东道国和来源国。此外，2013 年负面清单的概念首次出现，其目的是进一步放宽市场准入限制，加大外资引进力度。2015 年，《外商投资产业指导目录》（以下简称《目录》）中限制性措施由 2011 年的 180 条减少到 93 条，2017 年《目录》进一步减少到 63 条。2019 年的《外商投资准入特别管理措施（负面清单）》由原来的 48 条缩减至 40 条。推进服务业扩大对外开放，放宽农业、采矿业、制造业准入，继续发挥自贸试验区开放"试验田"作用。

总体而言，目前中国外资引进仍面临一系列的挑战，我国劳动力比较优势丧失，大量劳动密集型外商投资企业纷纷撤出中国市场。与此同时，中国的外资仍主要来源于亚洲地区。面对这些挑战，中国始终坚持对外开放政策，而且在全球经济受到冲击、发展缓慢的情况下，中国仍能保持相对稳定、适度增长，因此成为外商投资的避风港，FDI 仍将是推动中国经济增长的重要动力之一。

第二节 中国外商直接投资概况

一、中国利用外资的发展阶段及现状

中国外商投资发展进程与中国外资政策息息相关，随着外资政策的调整，中国外资利用情况也呈现出不同特征。图 1 - 1 反映了 1983 ~ 2018 年中国利用外资的变化情况。

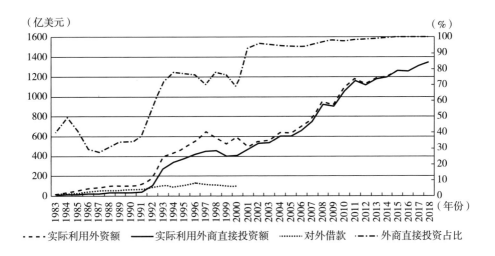

图 1 - 1 1983 ~ 2018 年中国利用外资变化情况

注：从 2001 年起，外商投资合同金额和实际使用外资额均不包括对外借款。

资料来源：国家统计局、商务部、《中国统计摘要》。

从图 1 - 1 可以看出，1983 ~ 2018 年中国实际利用外资额和实际利用外商直接投资额整体上均呈现上升趋势，《中国统计摘要》数据显示，1979 ~ 1982 年中国实际利用外资额合计 130.6 亿美元。1983～2018 年，中国实际利用外资额从 22.61 亿美元增长至 1349.66 亿美元，年均增速 12.39%；实际利用外商直接投资额从 9.16 亿美元增长为 1349.66 亿美元，年均增速 15.33%。自改革开放以来，中国外商投资发展可以分为四个阶段。

　　第一阶段，改革开放至 1991 年，中国实际利用外资额、外商直接投资额和对外借款均呈增长态势。其中，1983～1991 年，实际利用外资总额从 22.7 亿美元增长为 115.6 亿美元，增加了 92.9 亿美元，年均增速 22.57%；实际利用外商直接投资额从 9.2 亿美元增长为 43.7 亿美元，增加了 34.5 亿美元，年均增速 21.50%；对外借款从 10.7 亿美元增长至 68.9 亿美元，增加了 58.2 亿美元，年均增速 26.21%。此外，在改革开放初期，我国利用外资以对外借款为主，外商直接投资占比较低，1991 年，实际利用外商直接投资额占实际利用外资额的 38%。《中国统计摘要》数据显示，1979～1991 年，中国对外借款总额为 525.8 亿美元，占实际利用外资额的 64.77%，外商直接投资为 250.6 亿美元，占实际利用外资额的 30.87%（见图 1－2）。

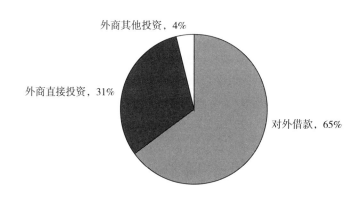

图 1－2　1979～1991 年中国实际利用外资构成

资料来源：《中国统计摘要》。

　　第二阶段，1992～2000 年，南方谈话后，关于引进外资的争议也逐渐平息，

FDI 一路攀升，成为我国利用外资的主要形式。1992~1997 年，我国外资引进首次进入高速发展期，我国实际利用外资总额从 1992 年的 192 亿美元迅速增长到 1997 年的 644.1 亿美元，增加了 452.1 亿美元，年均增速 27.39%；实际利用外商直接投资额从 110.1 亿美元增长为 452.6 亿美元，增加了 342.5 亿美元，年均增速 32.67%；对外借款从 79.1 亿美元增长至 120.2 亿美元，增加了 41.1 亿美元，年均增速 8.73%。此外，我国实际利用外资中外商直接投资占比有所提高，由 1992 年占比 57% 迅速增长至 1994 年占比 78%，到 2000 年占比略有下滑，为 69%。1992~2000 年，中国外商直接投资总额为 3233 亿美元，占实际利用外资额的 74%，对外借款总额为 945.9 亿美元，占实际利用外资额的 21%（见图 1-3）。

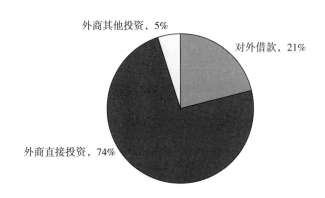

图 1-3 1992~2000 年中国实际利用外资构成

资料来源：《中国统计摘要》。

第三阶段，2001~2011 年，2001 年中国加入世界贸易组织，国内市场进一步开放，外商投资恢复快速增长。2001~2011 年是我国引进外资的第二段高速发展期，我国实际利用外资总额从 2001 年的 496.7 亿美元猛增到 2011 年的 1177 亿美元，增加了 680.3 亿美元，年均增速 9.01%；实际利用外商直接投资额从 468.8 亿美元增长为 1160.1 亿美元，增加了 691.3 亿美元，年均增速 9.48%。

第四阶段，2012 年至今，我国外商投资在经历了 10 年快速增长之后，于 2012 年略微下降，之后 FDI 流量增长趋缓，但利用外资的质量和水平明显提升，中国仍是世界最具吸引力的 FDI 投资地之一。2012~2018 年，我国实际利用外资额由 1132.94 亿美元增长为 1349.66 亿美元，增加了 216.72 亿美元，年均增速 2.96%；外商直接投资额从 1117.16 亿美元增长至 1349.66 亿美元，增加了 232.50 亿美元，年均增速 3.20%。

二、中国农业 FDI 发展历程与现状

如图 1-4 所示，1997~2004 年，中国农业 FDI 呈现上升趋势，2005 年出现下跌，2007~2012 年迅速增长，之后再次下跌，2016 年略有增长，之后至 2018 年持续降低，总体上波动较大。我国 FDI 主要集中在制造业（30.51%）、房地产业（16.65%）及租赁和商务服务业（13.98%），而农林牧渔业占我国实际利用 FDI 总额的比重为 1%~2%，比例不高但较为稳定。

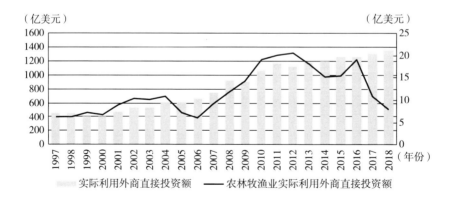

图 1-4　1997~2018 年中国农林牧渔业实际利用外商直接投资额

资料来源：国家统计局。

从产业类型来看，我国农业 FDI 主要集中在农产品初级加工、种植业和养殖业等投入少、盈利周期短、便于生产经营的项目。如表 1 - 1 所示，根据《外商投资产业指导目录（2019 年修订）》，目前，鼓励外商投资的产业有 15 项，而限制外商投资的产业有小麦、玉米新品种选育和种子生产，禁止外商投资的产业包括中国稀有和特有的珍贵优良品种的研发、养殖、种植以及相关繁殖材料的生产，农作物、种畜禽、水产苗种转基因品种选育及其转基因种子生产，中国管辖海域及内陆水域水产品捕捞。2019 年的《目录》中，鼓励外商投资领域大幅增加，其中，全国目录 415 条，比 2017 年版增加了 67 条；中西部目录 693 条，比

表 1 - 1　2019 年中国农林牧渔业外商投资产业目录

鼓励外商投资产业	外商投资准入特别管理措施（负面清单）
1. 木本食用油料、调料和工业原料的种植及开发、生产 2. 绿色、有机蔬菜（含食用菌、西甜瓜）、干鲜果品、茶叶栽培技术开发、种植及产品生产 3. 酿酒葡萄育种、种植、生产 4. 啤酒原料育种、种植、生产 5. 糖料、果树、牧草等农作物栽培新技术开发及产品生产 6. 高产高效青贮饲料专用植物新品种培育及开发 7. 花卉生产与苗圃基地的建设、经营 8. 橡胶、油棕、剑麻、咖啡种植 9. 中药材种植、养殖 10. 农作物秸秆资源综合利用、有机肥料资源的开发、生产 11. 森林资源培育（速生丰产用材林、竹林、油茶等经济林、珍贵树种用材林等） 12. 畜禽标准化规模养殖技术开发与应用 13. 水产苗种繁育（不含我国特有的珍贵优良品种） 14. 防治荒漠化、水土保持和国土绿化等生态环境保护工程建设、经营 15. 水产品养殖、深水网箱养殖、工厂化水产养殖、生态型海洋增养殖	1. 小麦、玉米新品种选育和种子生产须由中方控股 2. 禁止投资中国稀有和特有的珍贵优良品种的研发、养殖、种植以及相关繁殖材料的生产（包括种植业、畜牧业、水产业的优良基因） 3. 禁止投资农作物、种畜禽、水产苗种转基因品种选育及其转基因种子（苗）生产 4. 禁止投资中国管辖海域及内陆水域水产品捕捞

资料来源：国家发改委网站。

2017 年版增加了 54 条，在具有特色农业资源、劳动力优势的省份新增了农产品加工、纺织服装、家具制造等条目。而《负面清单（2019 年版）》中，共列入事项 131 项，比《负面清单（2018 版）》减少了 20 项，缩减比例为 13%，农业领域，取消禁止外商投资野生动植物资源开发的规定。

从地区分布来看，我国农业 FDI 地区间分布比例失衡，其中，东部地区农业 FDI 占全国农业外商直接投资的 90% 以上，而中西部地区 FDI 占比却不足 10%（严启发，2003），这与全国外商直接投资的区域分布类似。具体到各个省份，通常是经济发展水平较高的省份吸引农业外商直接投资较多，而发展滞后的省份吸引外资较少。

从来源来看，我国农业外商直接投资多来自大型跨国公司。据统计，目前世界排名前二十的食品类跨国公司都已进入中国市场。总体来看，目前中国农业外商直接投资的来源地和企业类型均呈现多元特点。

第三节　中国农业全要素生产率现状

全要素生产率是国际上通用的概念，指各要素（如资本、劳动等）投入之外的技术进步和能力实现等导致的产出增加。而科技进步贡献率是指广义技术进步对经济增长的贡献份额，即扣除资本和劳动贡献后包括科技在内的其他因素对经济增长的贡献，从含义和计算方法来看，与国际通用的全要素生产率对经济增长的贡献是一致的。中国农业科学院农业经济发展研究所每年采用 Translog 函数对农业科技进步贡献率进行测算，其数据来源于各年《中国统计年鉴》以及《中国农村统计年鉴》，以 1986 年为基期进行计算。美国农业部经济研究局对各国农业全要素生产率的测算与我国农业科技进步贡献率类似，其数据来源于联合国粮农组织，采用 Paasche 指数进行计算。因此，在本质上，农业科技进步贡献率与农业全要素生产率反映的是同一个问题。

从图 1-5 中可以看出，2005~2019 年，我国农业科技进步贡献率不断增长。我国农业全要素生产率也一直保持高速增长态势，根据中国农业科学院农业经济与发展研究所发布的《中国农业产业发展报告 2020》，1978~2018 年，中国农业全要素生产率指数增长 2.61 倍，年均增长为 3.26%，其中，农业技术变化指数年均增长 2.81%，对农业全要素生产率指数增长的贡献约为 78%。但与发达国家相比，我国农业全要素生产率还有很大的进步空间。

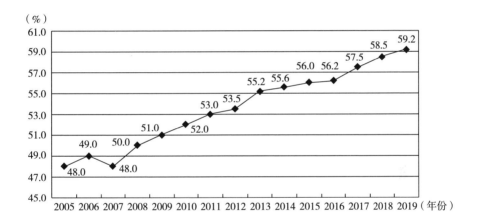

图 1-5　2005~2019 年中国农业科技进步贡献率

资料来源：中国农业农村部网站。

【结语】

本章主要梳理国际以及中国外商投资政策变化，根据政策演变来分析中国外商投资以及农业 FDI 发展历程与现状，同时对中国农业全要素生产率现状进行总结。从国际外商投资政策演变看，主要分为激励性优惠外资政策、投资促进性外资政策以及强调产业关联的外资政策三个阶段。自中华人民共和国成立以来，中国外资引进政策可以分为五个阶段：中华人民共和国成立初期的外资政策（1949～1977 年）、改革开放之初的外资政策（1978～1991 年）、南方谈话之后的外资政策（1992～2000 年）、"入世"以来的外资政策（2001～2012 年）、经济新常态下的外资政策（2013 年至今）。

随着外商投资政策的演变，我国外资利用情况也在各阶段呈现出不同的特征，改革开放初期外资利用主要以对外借款为主；20 世纪 90 年代之后，外商直接投资迅速增长，成为我国外资引进的主要形式，同时我国外商投资也经历了第一阶段的迅速增长期；"入世"后，国内市场进一步开放，外资引进进入第二阶段的高速发展期；2012 年之后，我国 FDI 流量增长趋缓，但外资质量显著提升。

我国农业 FDI 占实际利用外商直接投资总额的比例较小，但十分稳定，相反，农业 FDI 流量波动较大，主要集中在一些投入少、盈利周期短、便于生产经营的产业，与 FDI 的总体布局类似，农业 FDI 也主要分布在东部沿海地区。此外，我国农业全要素生产率和科技进步贡献率一直稳步上升，但与发达国家仍有较大差距。

第二章　FDI 对中国涉农企业 TFP 的
影响及门槛效应

随着全球化的发展，国际贸易和外商直接投资正在世界范围内扩张。根据中国商务部统计指标定义，外商直接投资（FDI）是指外国投资者在我国境内通过设立外商投资企业、合伙企业、与中方投资者共同进行石油资源的合作勘探开发以及设立外国公司分支机构等方式进行投资。

1960 年，Hymer 首次对外商直接投资进行了研究，此后，外资对国家、地区和企业的溢出效应得到了越来越多的关注。许多早期研究表明，资本和劳动的增加并不能完全解释产出的增长，"残余"部分被归因于技术的进步，许多研究试图找到技术进步的测度方法，以此来解释该"残余"部分，因此，有关全要素生产率的研究也逐渐兴盛。目前，国内外有关 FDI 的研究内容十分丰富，包括 FDI 的区位分布（Dunning 和 Lee，2007；何兴强和王利霞，2008）、FDI 与环境污染（Li，2007；白俊红和吕晓红，2015）、FDI 与经济增长的关系（Alhakimi，2017；Nair 等，2001；刘宏和李述晟，2013）、FDI 与出口竞争力（文东伟等，2009；王雪珂，2007）、FDI 与收入分配（Mushtaq 等，2014；罗茜，2008）、FDI 与就业（Ernst，2005；王燕飞和曾国平，2006）、FDI 对创新和全要素生产率的溢出效应（Cheung 和 Lin，2004；Gorodnichenko 等，2014；Kinoshita，2001；

Merlevede 等，2014；冼国明和严兵，2005）、FDI 与产业结构（Qiong 和 Minyu，2013；程惠芳和岑丽君，2010）等。

同时，FDI 被认为是国际知识转移最经济有效的方式之一（Blomström 和 Kokko，1998；Campos 和 Kinoshita，2002），它除了可以增加投资推动经济增长外，其溢出效应也会对一个国家和行业的自主创新产生促进作用，从而引起技术的进步，对全要素生产率增长产生正向影响，当跨国企业在东道国建立子公司（外商独资或合资企业）时，母公司通常会将新的管理知识和生产技术转移给子公司。尽管新技术可以给子公司带来竞争优势，但同行业中的其他企业也可以从知识转移中受益，这通常被称为"溢出效应"。本章采用门槛回归模型揭示了同行业 FDI 对中国涉农企业全要素生产率的直接影响和间接溢出效应，并讨论了吸收能力（Absorptive Capacity，AC）对 FDI 溢出效应的调节作用。

第一节　生产率的内涵和测算

一、生产率的内涵

生产率按照测算时考虑的要素投入不同可以分为单要素生产率（Single Factor Productivity，SFP）和全要素生产率（Total Factor Productivity，TFP），两者都是从产出投入比的角度来衡量生产效率。单要素生产率只考虑了单种要素投入的产出投入比，如劳动生产率和资本生产率，"二战"之前对生产率的研究主要集中在单要素生产率，但其只能反映生产中对该种要素的利用效率。荷兰经济学家 Tinbergen（1942）首次提出了全要素生产率问题，他在柯布－道格拉斯（C－D）生产函数的基础上进行了改进，添加了时间趋势项。此后，全要素生产率便成为国内外学者研究经济增长和生产发展时的热点。经济增长的核心是全要素生产率的增长，通常来说，扣除投入增长之后的产出增长就是全要素生产率的增长（王志刚等，2006）。

下文按照时间顺序，对全要素生产率内涵的演变进行介绍。

Tinbergen（1942）所提出的全要素生产率中，只包括了劳动和资本的投入，而没有考虑诸如研发（R&D）、教育等无形要素的投入。随后，Solow（1957）提出，全要素生产率是指各要素（如资本、劳动等）投入之外的技术进步和能力实现等导致的产出增加，是剔除要素投入贡献后得到的残差，也称为索洛残差。

Nishimizu 和 Page（1982）首次将 TFP 的增长分解为技术进步和技术效率变化。此后，许多研究都沿用他们的方法分析全要素生产率的增长。Kalirajan 等（1996）对中国各省的农业全要素生产率进行了分解。姚洋（1998）采用随机前沿法计算了中国工业企业的技术效率。Wu（2000）使用 1981～1995 年 27 个省份的面板数据对中国全社会的全要素生产率进行了分解。Wei 等（2002）采用 1036 家特大型工业企业的数据考察了所有制对中国制造业企业全要素生产率的影响。张海洋（2005）将 TFP 增长拆分为技术效率提高和技术进步，分析了 FDI 对内资工业企业全要素生产率的影响。

随着研究的深入，Kumbhakar 等（2000）进一步将全要素生产率分解为生产效率变化、技术进步、规模效率变化和资源生产效率变化。其中有关于价格的信息不易获取，这使资源生产效率的计算存在难度，因此，通常只有前面三种变化被考察。生产效率是指固定投入量下，实际产出与最大产出间的比率。技术进步表明了生产可能性边界随时间变化的轨迹。规模效率变化体现出要素投入产出的变化，如果规模报酬递增且要素投入增加，或是规模报酬递减且要素投入减少，那么规模效率变化对全要素生产率变化起推动作用。

二、全要素生产率的测算

现有文献中对 TFP 的测算主要有两种分类方法：第一种是按照是否需要确定

函数形式来进行分类，分为参数法和非参数法。参数法需要建立特定形式的生产函数，例如：索洛余值法、代数指数法和超越对数生产函数法等；非参数法包括指数法、数据包络分析法（DEA）和前两者结合的 DEA - Malmquist 指数方法等。第二种是按照测算原理与角度进行分类，将 TFP 测算方法分为增长核算法、指数法和生产前沿法；李福柱和杨跃峰（2013）将 TFP 测算方法分为增长核算法和经济计量法。

在已有文献的基础上，本书根据测算原理的不同，将 TFP 测算方法总结归类为：①增长核算法。包括索洛余值法、生产函数法和代数指数法，这些都属于参数法。②指数法。主要有 Fisher 指数、Tornqvist 指数、Malmquist 指数和 Luenberger 指数等。③生产前沿法。包括随机前沿生产函数法（SFA）和数据包络分析法（DEA）。④隐性变量法。

另外，宏观和微观企业层面 TFP 的测量方法有所不同。宏观层面全要素生产率并不是企业 TFP 的线性加总。虽然有些方法可同时用于宏观和微观层面研究，但两者背后的经济理念是不同的。国家或产业宏观层面的研究主要关注全要素生产率在经济增长中的作用，其目的是比较各国或各产业之间经济增长的差异，此类研究始于索洛余值法。微观层面研究更多的是从企业的生产决策入手，与宏观经济问题的区别是，企业在做决策之前就已经知晓自身的全要素生产率水平，进而根据 TFP 水平去选择要素投入、是否进入国际市场等，从而使企业特性与全要素生产率之间存在一定的内生性问题，因此，一些适用于宏观全要素生产率测算的方法，如增长核算法、参数回归等并不适用于微观层面全要素生产率研究。

与宏观层面的研究成果相比，有关企业 TFP 的文献相对较少。谢千里等（2008）利用 1998~2005 年中国工业企业数据，采用参数法计算了企业 TFP。张杰等（2008）用生产函数法对江苏省制造业企业 TFP 进行了测算。韩孟孟等（2020）运用非参数 Olley - Pakes（O - P）法对 1999~2003 年工业企业 TFP 进行了估计，另外，Yu（2015）也使用类似的数据和方法进行了估计，但是由于其研究主题为企业全要素生产率与出口的关系，因此并未报告相关的 TFP 测算结果。分别用 OLS 法、GMM 法、O - P 法、Levinsohn - Petrin（L - P）法估算 1999 ~ 2007 年我国工业企业的全要素生产率，发现使用 O - P 法可以较好地处理同时性偏差和样本选择偏差问题。

TFP 的测算方法起源于国外。传统的 TFP 测度方法是索洛余值法（Solow，1957），该方法假定总量生产函数是 Cobb - Douglas 形式的：

$$Y_i = A_i K_i^{\alpha} L_i^{1-\alpha} \qquad\qquad (2-1)$$

其中，Y 为总产出，K 为物质资本存量，L 是人力资本增强型劳动力，A 用来体现全要素生产率，即所要计算的 TFP。

随后，Aigner 等（1977）、Meeusen 和 Van（1977）分别提出了随机前沿生产函数法，该方法从残差中拆分出技术无效率项，并将 TFP 的变化分解为技术进步和技术效率的变化，它比 C - D 生产函数法更接近于生产和经济增长的实际情况，能够将影响 TFP 的因素从 TFP 的变化率中分离出来，从而更加深入地研究经济增长的根源。

目前，国际上比较新的 TFP 测算法是非参数指数法。其中，应用最广泛的是 Charnes 等（1978）提出的数据包络分析（Data Envelopment Analysis，DEA）方法。数据包络分析法通过使用线性规划将研究对象与具有多个输入和输出决策单元（DMU）的生产可能性边界进行比较来测量相对效率，在经济研究领域，DEA 方法可以用来估计多投入—多产出的有效生产前沿面（Leung，1997）。

改革开放之后，随着与国际研究的接轨，国内对中国生产率和技术进步的研究也逐渐增加。史清琪等（1985）首先研究了技术进步与经济增长的关系。谢千里等（1994）首次对度量资本存量的固定资产进行了平减，并剔除了投入的非生产性部分，使得用于计算的数据更加合理和一致。李京文等（1993）运用了比较先进的乔根森模型①，首次对我国的生产率与经济增长问题进行了全面系统的分析，但其运用的全要素生产率分析方法依然是传统的索洛余值法。郑玉歆等（1995）利用随机前沿生产函数法测算企业的技术效率、配置效率、技术进步以及全要素生产率的变化情况。与此同时，也有学者尝试用生产函数模型与数据包络分析法（DEA）相结合的方式估计前沿生产函数（李宏，1996）。张国初（1996）介绍了利用前沿生产函数把 TFP 的变化率进行分离的方法，其中包括了技术效率的变化。随后的研究主要致力于对某一种或几种因素进行分解，分行业进行细化研究，使全要素生产率的测算不断深化。

从国内外研究现状可以看到，全要素生产率测算的各种方法都有其独特的理论框架和应用范畴，目前没有一个统一的适用于任何经济条件的测算方法，由于测算方法不同导致的研究结果的差异也引起了对 TFP 测算结果科学性的质疑。因此，未来的研究首先应该综合考虑所测算对象的实际情况，选择最适合的测算 TFP 的方法。

三、农业全要素生产率的测算

农业全要素生产率是 20 世纪 40 年代由美国经济学家 Baorton、Cooper 和 Brodell 等提出的，它是一个可以衡量农业经济效率的统计指标。目前，农业全要素生产率的应用已十分普遍，部分国家和地区甚至设立了专门的机构来测算农业全要素生产率，为政府部门的经济决策进行服务。但是，学术界对于农业全要素生产率的含义却存在着争议：一种观点认为，农业全要素生产率与其他全要素生产率的本质是一样的，是指剔除了资本投入、劳动投入和以土地为代表的自然资源投入之外的其他所有要素投入带来的农业产出的增长率；另一种观点认为，农

---

① 乔根森模型是由美国经济学家戴尔·乔根森（D. W. Jogenson）于 1967 年在《过剩农业劳动力和两重经济发展》一文中提出，依据新古典主义（New Classicalism）的分析方法创立的一种理论。出于对古典主义的反思，在一个纯粹的新古典主义框架内探讨工业部门的增长是如何依赖农业部门的发展的，并认为农业产量的盈余对经济增长具有决定性作用的理论。

业全要素生产率就是农业技术进步率（陈卫平，2006）。目前，在有关农业全要素生产率的研究中，第一种观点占主流地位，本书也采用这种定义方法。

总体上看，农业全要素生产率测算方法与其他全要素生产率测算方法大同小异，有一些学者在对农业全要素生产率的测算中加入了诸如气候因素（高峰，2008）、资源环境因素（潘丹，2012）等农业特质。从国际上来看，美国农业部（USDA）采用 Tornqvist 指数法测算农业全要素生产率，经济合作与发展组织（OECD）采用 Fisher 指数进行测算，国际食品政策研究所（IFPRI）运用 Tornqvist – Theli 指数测算了印度农业全要素生产率。在国内研究方面，首次将农业全要素生产率引入中国的是冯海发和李桂娥（1985），他们的计算方法是：农业总生产率指数 = 农业产出指数/农业总投入指数。从研究范围来看，国内主要分为对个别省份农业全要素生产率和对全国农业全要素生产率的测算；从测算方法来看，主要有索洛余值法、数据包络分析法（DEA）、随机前沿生产函数法（SFA）、Malmquis 指数法、DEA – Malmquis 法、Tornqvist 指数法等。其中，生产函数法（如 C – D 生产函数、CES 生产函数等）和代数指数法模型简单，合乎经济原理，因此使用较广泛，但这两种方法隐含了技术有效、配置有效和规模报酬不变的假设，并不十分切合中国等发展中国家的实际情况。

第二节　FDI 影响中国涉农企业 TFP 的理论分析

一、FDI 对中国涉农企业 TFP 的影响机制

有关 FDI 对东道国经济影响的研究最早是由 Macdougall（1960）提出并首次明确了 FDI 溢出的概念。此后，对 FDI 溢出效应的研究逐渐兴盛。Blomström 和

Kokko（1998）指出当跨国公司进入东道国市场对当地企业生产率或收益产生影响，并且跨国公司无法将这些收益的全部内部化时，就产生了溢出效应。

在外商直接投资的过程中，除了技术溢出之外，还存在技术转移，两者不可混为一谈。技术转移是预期行为，指跨国公司内部母公司对子公司的技术、设备、管理经验、人员等的输入，其目的是提高子公司的技术水平；而技术溢出是非预期行为，指外国子公司对其他企业无意识的溢出效应（崔新健和章东明，2016），可以分为水平溢出和垂直溢出两大类。水平溢出来自行业内外商投资企业，具体可以通过人员流动效应、示范效应和竞争效应对其他企业产生溢出。其中，人员流动效应是通过外商投资企业中携带新知识的劳动力向行业内其他企业流入所产生的（Fosfuri 等，2001）；示范效应是指国内企业通过对外企的模仿获得新知识的过程（Das，1987；Findlay，1978；Koizumi 和 Kopecky，1977；Kokko，1994）；竞争效应是指外企的进入迫使国内企业不得不努力提高技术或生产率水平（Caves，1971；Kokko，1994）。而垂直溢出效应来自上下游外商投资企业，又称为关联效应，通过与下游外企关联产生的溢出称为后向溢出，与上游外企关联产生的为前向溢出，关于垂直溢出效应下一章中会进行详细讨论。

为什么会存在 FDI 溢出效应呢？首先，跨国公司的业务遍及数个国家，是世界上最重要的技术生产者之一。例如，在 1999 年，美国制造业 83% 的研发活动是由跨国公司的母公司进行的。母公司通常希望把他们创造的技术转移到海外的子公司。其次，从事外商直接投资的公司往往比只在国内经营的企业规模更大、生产率更高。因此，后者可以通过与外资公司的往来提高全要素生产率。当然，企业可以直接缴纳使用费来获得专利、许可、版权等的使用权，但除市场交易外，企业更多的是通过外部性来获取新技术，这个外部性就是 FDI 溢出效应。

哈佛大学教授 Caves（1974）首先对 FDI 行业内溢出效应进行了实证检验，结果表明在加拿大和澳大利亚的制造业中存在正向 FDI 技术溢出效应。总结现有研究发现，使用不同类型的数据往往会得出不同的结论，在使用企业面板数据的研究中，许多文献得出了负溢出效应或无溢出效应的结论（Aitken 和 Harrison，1999；Driffield，2001；Haddad 和 Harrison，1993），也有研究发现了显著的正溢出效应（Liu，2007）；而使用行业横截面数据的研究大多都认为存在正向溢出效应（Blomström 和 Kokko，1998；Globerman，1979）。

自外商直接投资进入中国以来，虽然农业投资在其中所占比例一直不高，但数量和规模都在不断扩大当中。陈灿煌（2007）认为，FDI 有利于提高农业全要素生产率，促进农民收入增长。吕立才和熊启泉（2010）得出农业 FDI 对农业领域技术转移有积极作用。另外，FDI 也会通过竞争效应对农业产生消极影响（张敏，2008）。杨巍（2009）认为，FDI 总体有利于中国农业经济发展，但同时不利于市场竞争，并造成就业岗位的减少，对民族产业产生挤出效应，从长期来看，不利于中国经济的平稳发展。

总体来说，FDI 与涉农企业 TFP 的关系包括 FDI 对企业 TFP 的影响和逆向选择两个方面，如图 2-1 所示。

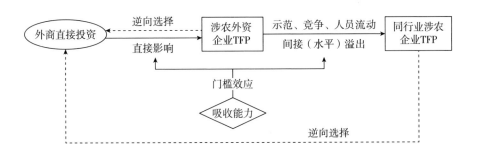

图 2-1　分析框架

FDI 对企业 TFP 的影响包括直接影响和间接溢出效应。其中，直接影响是指外企自身吸引的外资对其 TFP 产生的影响，是有目的性的预期行为，一方面通过增加企业投资促进 TFP 增长，另一方面可以为企业带来技术设备、管理方式、人员培训等方面的先进知识，使企业 TFP 得到提高，对于内资企业不存在这种影响途径。而外企对同行业其他企业（包括其他外企和内资企业）产生的溢出是非预期行为，水平溢出包括示范、竞争、人员流动三种效应。

示范效应指通过外企的示范作用以及其他企业的模仿来获取溢出。企业引入新的技术需要耗费大量资本且其结果存在不确定性，但如果一项技术已经被跨国公司成功运用到生产中，那么企业就有很大动力去学习，从而掌握或创新这项技术。企业可以通过对外企进行模仿，特别是通过逆向工程①，来获取更先进的生产方法（Wang 和 Blomström，1992）。同时，示范效应也可能使其他企业对外企产生技术依赖，减少自主创新，增加技术引进成本，从而造成 TFP 下降。

竞争效应是指外企进入一个当地竞争行业，增加了当地企业的竞争压力，促使企业不得不提高技术或者更有效率地使用现有投入，同时也可能被挤出市场（Glass 和 Saggi，2002）。

人员流动效应是指通过外企中有经验的管理人员、工程师以及其他技术员工向本行业中其他企业的流动来获得人力资本。

现有研究显示，在发达国家 FDI 示范效应通常是积极的，而在发展中国家，示范效应大多不显著或为负（Aitken 和 Harrison，1999；Blalock 和 Gertler，2008；Javorcik，2004），这是由于国内企业和外企分别服务于不同的市场（Chesbrough 和 Liang，2008），且外企会有意防止技术泄露，同时国内企业也没有足够的能力去识别和吸收外企的知识外溢（Cohen 和 Levinthal，1990）。Hamida 和 Gugler（2009）对瑞士制造业企业的研究发现，FDI 对技术差距较小的企业存在正向的示范效应。而 Jude（2016）对罗马尼亚企业的研究并未发现显著的示范效应。Orlic 等（2018）对捷克、爱沙尼亚、匈牙利、斯洛伐克和斯洛文尼亚 5 个中东欧国家企业的研究表明，FDI 对转型国家本地企业存在负向的示范效应。同时，

---

① 逆向工程（又称逆向技术），是一种产品设计技术再现过程，即对一项目标产品进行逆向分析及研究，从而演绎并得出该产品的处理流程、组织结构、功能特性及技术规格等设计要素，以制作出功能相近，但又不完全一样的产品。

外企对国内企业的示范效应与两者产品的相似性有关（Barrios 和 Strobl，2002）。

最后一种水平溢出途径是人员流动效应。这与企业能否雇用到外企员工有关，外企会对其本地员工进行训练，向其传授新的知识和技术，而其他企业和外企会通过"竞价"来获得这些受训员工。若其他企业赢得了"竞价"，受训员工将从外企流出，从而产生正向的人员流动效应（Fosfuri 等，2001）。但同时，外企也可能用高薪来吸引本地企业最好的员工，从而产生负向的人员流动效应（Sinani 和 Meyer，2004）。此外，FDI 还会给国内企业带来竞争压力，这种竞争一方面可以激励企业提高其技术水平和 TFP，另一方面也可能将竞争力弱的企业挤出市场（Aitken 和 Harrison，1999）。Li 等（2001）对中国制造业企业的研究并未发现显著的 FDI 竞争效应。因此，总的水平溢出效应取决于示范、竞争和人员流动效应的方向和强弱。

除此之外，FDI 与外企 TFP 之间还存在逆向选择效应，该内生性问题主要来自两方面：一方面，从涉农企业层面来看，外资总是更多地进入 TFP 较高的企业中，以获得更多的投资回报、承担较小的风险，在分析 FDI 对外企 TFP 的直接影响时，这种逆向选择会造成内生性问题；另一方面，从行业层面来看，外资通常会选择进入具有成本或其他资源禀赋比较优势的行业，这些行业生产率也通常较高，因此，在考察 FDI 对涉农企业的间接溢出时，逆向选择会造成溢出效应被高估的问题。本书将用工具变量法对该内生性问题进行解决。

综上所述，我们得到本章待检验的假说：

H2 - 1：FDI 对中国涉农外商投资企业存在积极的直接影响。

H2 - 2：FDI 对中国涉农企业存在显著的溢出效应。

二、吸收能力

目前，由于研究的角度以及范围的不同，对于吸收能力的定义至今仍没有统一的结论。但是，Cohen 和 Levinthal（1990）提出吸收能力的定义受到了较广泛的应用，他们将吸收能力定义为企业识别、消化和使用外部资源的能力。Zahra 和 George（2002）提出的定义，他们将企业的吸收能力界定为一系列组织流程和程序，包括识别、消化、转化以及利用四个维度。对于吸收能力的衡量，很多学者借鉴了 Cohen 和 Levinthal（1990）对于吸收能力的定义，将企业吸收能力看作是知识积累的程度，用 R&D、专利数量、科研培训投入或对研发人员的投入来衡量，但从单一维度并不能很好地衡量吸收能力，随着研究的深入，很多学者开始用多维度法来衡量吸收能力，如企业薪酬政策等（Meeus 等，2001）。

对于吸收能力的研究主要分为：对吸收能力影响因素的研究、对吸收能力调节作用及其对企业影响的研究。首先，企业外部环境和组织结构等会对吸收能力产生重要影响（Lane 等，2006；Lau 和 Lo，2015），但目前关于人员层面影响因素的研究较少，今后还需进一步加强。其次，最早提出吸收能力调节作用的是 Cohen 和 Levinthal（1989），他们认为好的吸收能力有利于企业对外部知识的吸收。越来越多的研究在知识溢出和创新的关系中引入吸收能力作为调节变量（Nieto 和 Quevedo，2005；沈必扬和王晓明，2006；陶锋，2011），吸收能力的调节作用在一定程度上解释了为什么处于同一行业的企业技术发展水平有显著差别。最后，关于吸收能力对企业影响的研究主要集中在吸收能力与企业研发、创新和生产率等方面，Tsai（2001）和钱锡红等（2010）发现吸收能力对企业创新有正向影响。Lane 等（2001）提出吸收能力高的组织更容易从外部学习到相关知识。Barrios 和 Strobl（2002）认为吸收能力越强的国内企业，越容易在 FDI 对生产率溢出效应中获益。

吸收能力是指企业识别、消化和使用外部资源和技术的能力，Zahra 和 George（2002）研究表明，良好的吸收能力有助于企业迅速适应新的技术环境并保持竞争力。Blalock 和 Gertler（2009）对印度尼西亚的研究发现，企业吸收能力越高，越容易从外企学习到新的知识和技术。同时，一些研究显示，FDI 溢出中存在吸收能力的门槛效应，例如：Chen 等（2009）、Girma（2005）、Krogstrup

和 Matar（2005）、Marcin（2008）、Zhang 等（2010）、黄凌云和吴维琼（2013），这些研究表明企业是否能够从 FDI 中获益取决于其吸收能力的高低。由此得到本章待检验假说：

H2 - 3：在 FDI 对中国涉农企业全要素生产率的直接影响和间接溢出中，存在吸收能力的门槛效应。

第三节　FDI 影响涉农企业 TFP 的实证检验

一、实证模型

早期有关吸收能力调节作用的研究多采用分组和引入交叉项的方式（Fu，2008；Kokko，1994；Zhang 等，2010），然而，分组方法无法估计出准确的门槛值，同时，缺少对子样本回归结果差异性的显著性检验，交叉项模型虽然估计出门槛值，但无法检验该门槛值是否正确。Hansen（1999）提出的非动态面板门槛模型既可以对门槛值进行估计，也可以检验其准确性。该方法的原理是，如果根据某个变量（门槛变量）的特定值对样本进行分组，使所有子样本的残差平方和最小，则该值被视为可能的门槛值。由于该模型是针对具有个体固定效应的非动态面板开发的，所以，在选择模型之前，本书对随机效应和固定效应模型进行了 Hausman 检验，结果显示 P 值为 0.00，拒绝原假设，应选择固定效应模型。因此，本书建立基于 Hansen（1999）的非动态面板门槛模型来考察 FDI 溢出中吸收能力的门槛作用：

$$\ln TFP_{ijt} = \beta_0 + \delta_1 \ln FDI_{jt} I(AC_{ijt} \leq \lambda_1) + \delta_2 \ln FDI_{jt} I(AC_{ijt} > \lambda_1) + \gamma \cdot X_{ijt} + \varepsilon_{ijt}$$

$$(2-2)$$

外资引进与中国涉农企业全要素生产率：创新的传导作用

其中，I（·）为指示函数，i、j、t 分别表示企业、行业和年份，λ_1 为待估门槛值，δ_1、δ_2 为待估门槛区间系数值，β_0 为常数项，ε_{ijt} 为随机扰动项。TFP 为企业全要素生产率，吸收能力（AC）为门槛变量，FDI 表示衡量 FDI 对涉农企业直接影响和间接溢出的变量，分别为水平溢出（SH）、人员流动效应（SH^L）、竞争效应（SH^{CF}）和外企 FDI 存量（FDI1），本章将涉农外企与内资企业分样本进行回归，在对内资企业进行考察时，FDI 中不包含变量 FDI1。X 是一组假设影响企业 TFP 增长的变量，包括：企业年龄（a）、企业是否出口（EX）、企业是否国有（STATE）、企业规模（SCALE）、内资企业赫芬达尔指数（SH^{CD}）、研发支出（RD）、职工教育支出（EDU）、新产品产值（NEWP）。由于 TFP 的决定因素之一是企业投入额，而我国的大型涉农企业其规模足以影响市场价格，因此，我们应控制投入品价格变化对 TFP 的影响，由于缺乏企业层面的价格信息，我们以下游行业对 j 行业的需求作为企业单位投入价格的代理变量，用 D 来表示。γ 是一个系数向量。各控制变量定义如表 2−1 所示。

表 2−1　控制变量定义

变量	定义
a	观察年减去公司成立年份
EX	若 t 年企业 i 出口额不为 0，则 EX = 1，否则，EX = 0
STATE	若 t 年企业 i 为国有企业，则 STATE = 1，否则，STATE = 0
SCALE	参考中国国家统计局对企业规模的定义，根据企业销售额将其分为大、中、小规模（SCALE 赋值 3、2 和 1）
SH^{CD}	t 年企业 i 所属行业 j 中来自内资企业的竞争效应，用赫芬达尔指数表示，公式见下文
RD	t 年企业 i 研发支出
EDU	t 年企业 i 职工教育支出
NEWP	过去三年企业 i 新产品产值
D	t 年下游行业对企业 i 所属行业 j 的需求额，由国家统计局投入产出表计算得到

本章考察了 FDI 对涉农企业的多种影响途径，并测算每种影响途径中吸收能

力的门槛值,而 Hansen(1999)的方法一次只能设定一个核心解释变量(即一个 FDI 变量),因此,我们将依次以 4 个 FDI 变量作为核心解释变量,建立门槛模型,公式如下:

$$\ln TFP_{ijt} = \beta_0 + \beta_1 \ln SH_{jt}^L + \beta_2 \ln SH_{jt}^{CF} + \beta_3 \ln FDI1_{ijt} + \delta_1 \ln SH_{jt} I(AC_{ijt} \leq \lambda_1) +$$

$$\delta_2 \ln SH_{jt} I(AC_{ijt} > \lambda_1) + \gamma \cdot X_{ijt} + \varepsilon_{ijt} \tag{2-3}$$

在式(2-3)中,我们以示范效应(SH)作为核心解释变量,考察吸收能力的门槛作用。其余的 FDI 变量(SH^L、SH^{CF} 和 FDI1)同样加入回归中作为自变量,但不与门槛指示函数形成交叉项。下一个模型将以 SH^L 作为核心解释变量,同时引入其余溢出变量(SH、SH^{CF} 和 FDI1)作为自变量。以此类推,依次考察吸收能力在各个影响途径中的门槛作用。

二、涉农企业全要素生产率测算

目前,测算企业全要素生产率常用的方法有 OLS、FE、O - P、L - P 和 GMM 等。如果简单地使用 OLS 法估计,会产生"同时性偏差"和"样本选择偏差"(余淼杰,2010),前者是指企业会根据自身生产率波动做出投资决策,生产率较高的企业往往投资更多,从而引发内生性问题。后者是指企业生产率会影响其进出市场的决策,生产率高的企业退出市场的可能性较小。这两种偏差使通过 OLS 方法得到的 TFP 估计值偏低。鲁晓东和连玉君(2012)研究发现,Olley 和 Pakes(1996)提出的 O - P 法能够较好地解决上述两个问题,之后该方法在有关企业全要素生产率的研究中得到了广泛使用(Brandt 等,2012;余淼杰,2010;韩孟孟等,2020),其原理如下:

采用 Cobb - Douglas(C - D)生产函数:

$$Y_{it} = A_{it} L_{it}^\alpha K_{it}^\beta \tag{2-4}$$

其中,Y_{it} 表示产出,L_{it} 和 K_{it} 分别表示劳动和资本投入,A_{it} 即通常所说的全要素生产率(TFP)。对式(2-4)取对数得到如下线性形式:

$$y_{it} = \alpha \, l_{it} + \beta \, k_{it} + u_{it} \tag{2-5}$$

其中，y_{it}、l_{it} 和 k_{it} 分别表示 Y_{it}、L_{it} 和 K_{it} 的对数形式。如果简单地使用 OLS 方法对式（2-5）进行估计，将会产生"同时偏差"和"选择偏差"。

针对"同时偏差"问题，O-P 法将式（2-5）的残差项拆分为两部分 $\overline{\omega}_{it}$ 和 e_{it}：

$$y_{it} = \alpha \, l_{it} + \beta \, k_{it} + \overline{\omega}_{it} + e_{it} \tag{2-6}$$

其中，$\overline{\omega}_{it}$ 表示可以被观测到并影响当期要素投入的因素。e_{it} 表示随机误差项。O-P 法采用企业投资作为生产率冲击的代理变量，从而解决了"同时偏差"问题。

而对于"选择偏差"问题，O-P 法在得到劳动投入系数的一致无偏估计之后，使用生存概率函数来表示企业进入和退出市场的决策，从而得到资本投入系数的无偏估计值，计算得到全要素生产率。

De Loecker（2007）将企业出口行为引入到 O-P 框架中，建立了以下模型：

$$\ln Y_{it} = \beta_0 + \beta_1 \ln K_{it} + \beta_2 \ln L_{it} + \beta_3 IN_{it} + \beta_4 a_{it} + \beta_5 STATE_{it} + \beta_6 EX_{it} + \overline{\omega}_{it} + \varepsilon_{it}$$

$$\tag{2-7}$$

其中，i 代表企业，t 代表年份，Y_{it} 表示工业增加值，使用各年企业所处省份工业生产者出厂价格指数[①]平减，K 和 L 分别为企业固定资产和从业人员数，其中，固定资产合计使用固定资产投资价格指数平减，IN 为企业专利申请数，a 表示企业的年龄，STATE 表示企业是否为国有企业，EX 表示企业是否参与出口活动，ε_{it} 表示在生产函数中无法体现的随机干扰以及测量误差等因素。

O-P 法假设企业在受到生产率冲击时能够立即调整投入且不会产生额外费用，Ackerberg 等（2015）指出只有在自由变量与代理变量独立的情况下，才能在第一阶段得到一致的劳动系数估计值，否则，第一阶段估计中将存在共线性问

---

① 数据来源：中国国家统计局。从 2011 年起，工业品出厂价格指数改为工业生产者出厂价格指数。

题（Mollisi 和 Rovigatti，2017），降低了估计结果的有效性和稳健性。因此，他们对该问题进行了修正，使估计结果更加可靠。本书采用 ACF 法对中国涉农企业全要素生产率进行估计，并采用 O – P 法、L – P 法以及 Wooldridge（WRDG）法进行稳健性检验。全要素生产率估计结果如附表 1 所示。最后，在计算得到各涉农企业 TFP 后，对前后 1% 的极值进行了处理，采用其相邻值代替。

三、FDI 水平溢出变量测算

下文中，N_{jt} 表示 t 年行业 j 中的企业总数，n_{jt} 表示 t 年行业 j 中的外企数。此外，$Sales_{ijt}$ 表示 t 年企业 – ij（行业 j 中的企业 i）的销售额，TS_{jt} 表示 t 年行业 j 中所有企业的销售总额。

（一）水平溢出

借鉴 Blalock 和 Gertler（2008），Javorcik（2004），Jude（2016）的做法，FDI 水平溢出（SH_{jt}）的计算方法如下：

$$SH_{jt} = \sum_{i \in n_{jt}} \rho_{ijt} \frac{Sales_{ijt}}{TS_{jt}} \qquad (2-8)$$

其中，ρ_{ijt} 为 t 年企业 – ij 外商资本占总资本的比重。水平溢出效应随行业中外企市场份额以及各外企外资占比的增加而增加。现有文献将水平溢出效应分解为示范效应、人员流动效应和竞争效应。

（二）人员流动效应

对于人员流动效应，最理想的方法是跟踪每家企业的员工变动情况，但是由于数据限制，我们参考 Schoors 和 Merlevede（2007）的方法，考察外企与其他企业之间潜在的人员流动效应（SH_{jt}^L）：

$$SH_{jt}^L = \sum_{i \in n_{jt}} L_{ijt} / \sum_{i \in N_{jt}} L_{ijt} \qquad (2-9)$$

其中，L_{ijt} 为 t 年企业 – ij 的从业人员数，SH_{jt}^L 即为行业 j 中外企员工所占比重。外企员工占比越多，行业中外企与其他企业之间人员流动的机会越大，从而产生溢出效应的可能性越高。

（三）竞争效应

参考 Jude（2016）的方法，本书使用赫芬达尔指数来衡量行业竞争度。由于市场竞争同时来源于外企和内资企业，因此单一的赫芬达尔指数只能表示这两种企业产生的净竞争效应。为了考察 FDI 的竞争效应，我们分别对行业中的外企和内资企业建立赫芬达尔指数 SH_{jt}^{CF} 和 SH_{jt}^{CD}，将 FDI 竞争效应从水平溢出中分离出来：

$$SH_{jt}^{CF} = \sum_{i \in n_{jt}} \left(\frac{Sales_{ijt}}{TS_{jt}} \right)^2 \qquad (2-10)$$

$$SH_{jt}^{CD} = \sum_{i \notin n_{jt}} \left(\frac{Sales_{ijt}}{TS_{jt}} \right)^2 \qquad (2-11)$$

在引入人员流动效应和竞争效应之后，一些研究将 SH_{jt} 解释为 FDI 的示范效应，表示内资企业通过对外企进行模仿，从而获得新知识、新技术的过程（Barrios 和 Strobl，2002；Hamida 和 Gugler，2009；Orlic 等，2018）。在下文中，我们将把 SH_{jt}、SH_{jt}^{CF} 和 SH_{jt}^L 三个变量同时引入模型以考察示范效应、竞争效应和人员流动效应。同时，这三个变量之间并不存在高度相关性（见表 2-2），因此，选取这三个变量分别表示 FDI 水平溢出的不同途径是合理的。

表 2-2   水平溢出各变量相关系数

变量	SH	SH^L	SH^{CF}
SH	1	0.6968	-0.2326
SH^L	0.6968	1	-0.2827
SH^{CF}	-0.2326	-0.2827	1

四、吸收能力测算

Cohen 和 Levinthal（1990）提出，企业研发投入和人力资本水平可以用来衡量企业吸收能力。Girma（2005）、Zahra 和 George（2002）用研发投入、人力资本、员工培训投入和新产品产值来考察企业吸收能力。

近年来，越来越多的研究采用距离函数来考察企业吸收能力——企业越接近其行业技术前沿，就越有可能接收到 FDI 溢出效应。这些研究表明，技术前沿附近的企业更有可能获得积极的 FDI 溢出，因为它们所处的位置能够学习到更详细、技术含量更高的知识，而远离技术前沿的企业只能接收到粗略的或技术含量较低的知识（Havranek 和 Irsova，2011；Jude，2016；Kokko，1994；Nicolini 和 Resmini，2010）。Li 等（2001）、陈涛涛（2003）、黄静（2007）同样发现，只有技术差距较小的中国国内企业才能接收到显著的 FDI 溢出效应。然而，Blalock 和 Gertler（2009）、Findlay（1978）、Konings（2001）、Sjöholm（1999）提出技术差距越大，企业的学习潜力越大，即技术差距与溢出效应之间存在正相关关系。参考 Jude（2016）的做法，本书用以下距离函数来测算涉农企业吸收能力：

$$AC_{ijt} = \overline{TFP_{jt}} / TFP_{ijt} \qquad\qquad (2-12)$$

其中，TFP_{ijt} 表示 t 年企业 – ij 的全要素生产率，$\overline{TFP_j}$ 为 t 年行业 j 中外企 TFP 的最大值。我们用 i 企业 TFP 与行业中外企 TFP 最高值之间的差距来衡量企业吸收能力，AC 值越大，企业吸收能力越弱。

第四节　数据来源与统计描述

一、数据来源

本章使用中国工业企业数据库中涉农企业的面板数据，按照行业代码进行筛选。涉农企业（Agriculture – related Enterprises）是指从事农产品生产、加工、销售、研发、服务等活动，和从事农业生产资料生产、销售、研发、服务活动的企业，泛指农、林、牧、副、渔、果、菜、桑、茶、烟等行业企业。涉农企业通常包括四种类型：一是为农产品生产提供生产资料和服务的企业，二是农产品生产企业，三是农产品加工企业，四是农产品流通企业。本书涉农企业数据来自中国工业企业数据库①，按照涉农行业代码进行筛选，包括农产品生产及其上下游关联产业，如木材采运、农产品初加工服务、农药制造、谷物磨制等，行业代码如表 2 - 3 所示。

表 2 - 3　中国工业企业数据库涉农企业筛选参考行业代码

代码	行业及部门名称	代码	行业及部门名称
01	农业	171	棉纺织及印染精加工
011	谷物种植	1711	棉纺纱加工
0111	稻谷种植	1712	棉织造加工
0112	小麦种植	1713	棉印染精加工
0113	玉米种植	172	毛纺织及染整精加工
0119	其他谷物种植	1721	毛条和毛纱线加工
012	豆类、油料和薯类种植	1722	毛织造加工
0121	豆类种植	1723	毛染整精加工
0122	油料种植	173	麻纺织及染整精加工
0123	薯类种植	1731	麻纤维纺前加工和纺纱
013	棉、麻、糖、烟草种植	1732	麻织造加工
0131	棉花种植	1733	麻染整精加工
0132	麻类种植	174	丝绢纺织及印染精加工
0133	糖料种植	1741	缫丝加工
0134	烟草种植	1742	绢纺和丝织加工
014	蔬菜、食用菌及园艺作物种植	1743	丝印染精加工
0141	蔬菜种植	19	皮革、毛皮、羽毛及其制品和制鞋业
0142	食用菌种植	1910	皮革鞣制加工

①　资料来源：http：//www.lib.pku.edu.cn/portal/cn/news/0000001637。

代码	行业及部门名称	代码	行业及部门名称
0143	花卉种植	193	毛皮鞣制及制品加工
0149	其他园艺作物种植	1931	毛皮鞣制加工
015	水果种植	1932	毛皮服装加工
0151	仁果类和核果类水果种植	1939	其他毛皮制品加工
0152	葡萄种植	194	羽毛（绒）加工及制品制造
0153	柑橘类种植	1941	羽毛（绒）加工
0154	香蕉等亚热带水果种植	1942	羽毛（绒）制品加工
0159	其他水果种植	20	木材加工和木、竹、藤、棕、草制品业
016	坚果、含油果、香料和饮料作物种植	201	木材加工
0161	坚果种植	2011	锯材加工
0162	含油果种植	2012	木片加工
0163	香料作物种植	2013	单板加工
0169	茶及其他饮料作物种植	2019	其他木材加工
0170	中药材种植	262	肥料制造
0190	其他农业	2621	氮肥制造
02	林业	2622	磷肥制造
021	林木育种和育苗	2623	钾肥制造
0211	林木育种	2624	复混肥料制造
0212	林木育苗	2625	有机肥料及微生物肥料制造
0220	造林和更新	2629	其他肥料制造
0230	森林经营和管护	263	农药制造
024	木材和竹材采运	2631	化学农药制造
0241	木材采运	2632	生物化学农药及微生物农药制造
0242	竹材采运	266	专用化学产品制造
025	林产品采集	2663	林产化学产品制造
0251	木竹材林产品采集	27	医药制造业
0252	非木竹材林产品采集	2750	兽用药品制造
03	畜牧业	33	金属制品业
031	牲畜饲养	332	金属工具制造
0311	牛的饲养	3323	农用及园林用金属工具制造
0312	马的饲养	35	专用设备制造业

续表

代码	行业及部门名称	代码	行业及部门名称
0313	猪的饲养	353	食品、饮料、烟草及饲料生产专用设备制造
0314	羊的饲养	3532	农副食品加工专用设备制造
0315	骆驼饲养	3534	饲料生产专用设备制造
0319	其他牲畜饲养	355	纺织、服装和皮革加工专用设备制造
032	家禽饲养	3552	皮革、毛皮及其制品加工专用设备制造
0321	鸡的饲养	357	农、林、牧、渔专用机械制造
0322	鸭的饲养	3571	拖拉机制造
0323	鹅的饲养	3572	机械化农业及园艺机具制造
0329	其他家禽饲养	3573	营林及木竹采伐机械制造
0330	狩猎和捕捉动物	3574	畜牧机械制造
0390	其他畜牧业	3575	渔业机械制造
04	渔业	3576	农、林、牧、渔机械配件制造
041	水产养殖	3577	棉花加工机械制造
0411	海水养殖	3579	其他农、林、牧、渔业机械制造
0412	内陆养殖	40	仪器仪表制造业
042	水产捕捞	402	专用仪器仪表制造
0421	海水捕捞	4024	农、林、牧、渔专用仪器仪表制造
0422	内陆捕捞	43	金属制品、机械和设备修理业
05	农、林、牧、渔服务业	4330	专用设备修理
051	农业服务业	51	批发业
0511	农业机械服务	511	农、林、牧产品批发
0512	灌溉服务	5111	谷物、豆及薯类批发
0513	农产品初加工服务	5112	种子批发
0519	其他农业服务	5113	饲料批发
052	林业服务业	5114	棉、麻批发
0521	林业有害生物防治服务	5115	林业产品批发
0522	森林防火服务	5116	牲畜批发
0523	林产品初级加工服务	5119	其他农、牧产品批发
0529	其他林业服务	512	食品、饮料及烟草制品批发
0530	畜牧服务业	5121	米、面制品及食用油批发

续表

代码	行业及部门名称	代码	行业及部门名称
0540	渔业服务业	5123	果品、蔬菜批发
13	农副食品加工业	5124	肉、禽、蛋、奶及水产品批发
1310	谷物磨制	516	矿产品、建材及化工产品批发
1320	饲料加工	5166	化肥批发
133	植物油加工	5167	农药批发
1331	食用植物油加工	5168	农用薄膜批发
1332	非食用植物油加工	517	机械设备、五金产品及电子产品批发
1340	制糖业	5171	农业机械批发
135	屠宰及肉类加工	52	零售业
1351	牲畜屠宰	522	食品、饮料及烟草制品专门零售
1352	禽类屠宰	5221	粮油零售
1353	肉制品及副产品加工	5223	果品、蔬菜零售
136	水产品加工	5224	肉、禽、蛋、奶及水产品零售
1361	水产品冷冻加工	59	仓储业
1362	鱼糜制品及水产品干腌制加工	591	谷物、棉花等农产品仓储
1363	水产饲料制造	5911	谷物仓储
1364	鱼油提取及制品制造	5912	棉花仓储
1369	其他水产品加工	5919	其他农产品仓储
137	蔬菜、水果和坚果加工	71	租赁业
1371	蔬菜加工	711	机械设备租赁
1372	水果和坚果加工	7112	农业机械租赁
139	其他农副食品加工	73	研究和试验发展
1391	淀粉及淀粉制品制造	7330	农业科学研究和试验发展
1392	豆制品制造	74	专业技术服务业
1393	蛋品加工	749	其他专业技术服务业
1399	其他未列明农副食品加工	7493	兽医服务
15	酒、饮料和精制茶制造业	75	科技推广和应用服务业
1530	精制茶加工	751	技术推广服务
17	纺织业	7511	农业技术推广服务

中国工业企业数据库基于国家统计局进行的"规模以上工业统计报表"统

计资料整理而成，包括中国大陆地区销售额 500 万元以上（2011 年起更新为 2000 万元以上）的工业企业较全面的基本情况、财务情况和生产销售情况等信息。

首先，按照四位行业代码，将中国工业企业数据库中属于农业及关联产业的企业筛选出来，初步得到中国涉农企业总样本。

其次，参考聂辉华等（2012）的做法，将各年样本进行匹配。第一，分别按照代码和名称对企业分组，若同一名称组下的企业属于不同代码组，则将这几个代码组识别为同一组；若合并后组内同一年无重复值，则将该组样本识别为同一企业；若合并后组内同一年存在重复值，则进行人工识别。第二，人工识别阶段需要根据企业的其他信息进行综合判断，若两个重复值确实为同一家企业，则同一年内只保留一个观察值，若其不属于同一家企业，则说明存在企业代码或企业名称登记错误的情况，这时需要参照企业的其他关键信息进行判定，确定哪些观察值属于同一家企业。

最后，借鉴 Cai 和 Liu（2009）的做法对样本进行剔除，该方法在相关研究中被广泛使用。第一，剔除关键指标（固定资产净值、企业员工数、总产值等）缺失的样本。第二，剔除不符合会计原则的观测值，例如总资产小于固定资产净值，累计折旧小于当期折旧。第三，剔除关键指标的极端值（前后各 0.5%）。最终得到来自 105531 家涉农企业 406544 条观测值构成的非平衡面板数据库。

二、统计描述

在我们得到的 105531 家涉农企业的非平衡面板数据中，从地区分布来看，涉农企业外商投资主要集中在广东、江苏、山东、浙江、福建、上海等沿海地区（见附表 2），这 6 个省份总占比超过 90%。另外，1998～2013 年，山东、福建、上海涉农企业外资占比有所下降，而辽宁涉农企业外资占比略有增加。从行业来看，中国涉农企业外商投资主要集中在纺织印染和农副食品加工业（见附表 3）。

2013 年，纺织印染业 FDI 在各涉农行业中占比约 41.8%，农副食品加工业占比约 32.4%。

由于本章使用非动态面板门槛模型研究 FDI 溢出效应，在各变量计算完成后，我们将样本转化为平衡面板数据，最终得到 580 家企业的 9280 条观测值，变量描述性统计如表 2 - 4 所示，由于表中变量 SH^{CD}、D、SH、SH^L、SH^{CF} 均为行业层面变量，而 TFP 经过了极值处理，故出现内资企业和外企变量最小值或最大值相同的情况。我们分别使用涉农企业总样本与平衡面板子样本进行固定效应回归，考察 FDI 对 TFP 的影响，发现估计结果在两样本之间保持一致（见附表4）。

表 2 - 4 变量描述性统计

变量	均值 Mean		标准差 Std. Dev.		最小值 Min		最大值 Max	
	内资企业	外企	内资企业	外企	内资企业	外企	内资企业	外企
TFP	65.50	99.87	61.17	76.61	1.78	1.78	265.53	265.53
a	18.19	14.05	15.27	10.16	0	0	119	106
EX	0.26	0.53	0.44	0.50	0	0	1	1
STATE	0.14	0.05	0.35	0.22	0	0	1	1
SH^{CD}	0.02	0.03	0.07	0.09	0.001	0.001	0.77	0.77
SCALE	1.94	2.15	0.50	0.50	1	1	3	3
D	10800000	8530000	25200000	23200000	0	0	123000000	123000000
RD	11.25	2.34	332.96	14.94	0	0	26100	356.99
EDU	0.45	0.46	3.77	1.98	0	0	137.63	38.85
NEWP	391000	39000	382000	212000	0	0	12500000	3050000
SH	0.12	0.16	0.08	0.10	0	0	0.58	0.58
SH^L	0.22	0.29	0.13	0.15	0.01	0.01	0.91	0.91
SH^{CF}	0.10	0.09	0.14	0.12	0.01	0.01	1	1
AC	7.94	4.58	9.23	6.23	0.21	1	149.52	149.52
FDI1	—	232000	—	407000		192	—	3860000

第五节　FDI 对涉农企业 TFP 影响的研究结果

一、内生性处理

本书中 FDI 溢出变量均为行业层面变量，由于外企进入某一国家或地区特定行业的决定与该地区或行业的特性有显著的内生性，若外企因为成本优势或其他资源禀赋优势选择进入东道国某行业，则会高估 FDI 带来的积极影响（Lu 等，2017）。因此，需要为外商投资寻找一个外生的政策冲击因素。中国外资引进的相关政策有很多，例如产业准入、税收优惠等，其中，产业准入政策更能体现政府对外资进入某行业的态度，在外资政策中占据着重要地位。为此，本书系统整理了 1997～2011 年 5 部《外商投资产业指导目录》，分别将其中鼓励类、限制类和禁止类行业与涉农企业四位行业代码进行匹配，同一年内某一行业可能同时出现在鼓励类、限制类和禁止类中，因此，借鉴韩超等（2018）的方法，本书设定鼓励类、允许类、限制类和禁止类行业权重分别为 3、0、－1 和－2，对各年各行业出现在各准入类别的频数进行加权平均，得出外资产业准入政策指数，来衡量政府对该行业外资引进的鼓励程度，作为 FDI 溢出的工具变量进行稳健估计。

此外，全要素生产率较高的企业通常能够吸引到更多外资，为了解决该内生性问题，本书使用滞后期美国行业 j 接受的 FDI 存量作为 FDI1 的工具变量，得到内生解释变量的预测值（$\widehat{FDI}$）。在一定程度上，企业吸引外资增加是由于跨国公司面临的壁垒降低所引起的，这一变化同样可能反映在美国企业中，且自由化并不由企业的全要素生产率来决定，因此，该工具变量的选择是合理的。

为检验是否存在内生解释变量，本书对 OLS 法和使用工具变量法的结果进行了 Hausman 检验，如表 2-5 所示，检验的 P 值为 0.00，即 OLS 与工具变量法估计结果有显著差异，拒绝模型不存在内生解释变量的原假设。

表 2-5 Hausman 检验结果

	Chibar2	P 值
外商投资企业	98.02	0.00
内资企业	109.96	0.00

二、吸收能力的门槛效应

我们首先根据式 (2-3)，使用 Stata 15 依次对各 FDI 影响渠道进行单门槛、双门槛和三门槛效应检验，直到门槛效应不显著为止[①]。门槛效应检验结果如表 2-6 所示。对外企和内资企业来说，FDI 各影响渠道中均存在吸收能力的双门槛效应，意味着根据门槛值和，样本可以被分为三个区间，且在这三个区间 FDI 对企业 TFP 的影响有显著的差别，验证了假说 H2-3。

表 2-6 门槛效应检验结果

	核心变量	直接影响	水平溢出	示范效应	人员流动效应	竞争效应
外企	单门槛 λ_1	5.3010 ***	6.6081 ***	6.6081 ***	7.2747 ***	8.0208 ***
	双门槛	—	—	—	—	—
	λ_1	3.0475 ***	2.4340 ***	2.4340 ***	3.0475 ***	3.0475 ***
	λ_2	8.4963 ***	6.6081 ***	7.2747 ***	8.4963 ***	8.0208 ***
	三门槛 λ_3	5.2313	8.4963	4.7698	5.2313	4.7698
	各门槛区间观察值占比					
	$AC \leqslant \lambda_1$	25.41%	18.36%	18.36%	25.41%	25.41%
	$(\lambda_1, \lambda_2]$	41.94%	38.39%	42.52%	41.94%	39.49%
	$AC > \lambda_2$	32.65%	43.25%	39.12%	32.65%	35.10%

---

① 若模型不存在单门槛效应，则不再进行双门槛检验；若不存在双门槛效应，则不继续进行三门槛检验，以此类推。

续表

	核心变量	直接影响	水平溢出	示范效应	人员流动效应	竞争效应
内资企业	单门槛 λ_1	—	9.1652***	9.1652***	8.2172***	8.2172***
	双门槛		—	—	—	—
	λ_1	—	3.9354***	3.9354***	3.4654***	3.4654***
	λ_2	—	9.1652***	9.1652***	9.1652***	11.2966***
	三门槛 λ_3		16.5732	16.5732	16.5732	6.0786
	各门槛区间观察值占比					
	$AC \leqslant \lambda_1$	—	18.04%	18.04%	14.65%	14.65%
	$(\lambda_1, \lambda_2]$	—	32.73%	32.73%	36.12%	44.99%
	$AC > \lambda_2$	—	49.23%	49.23%	49.23%	40.36%

注：***表示门槛值在1%水平下显著。

表2-7和表2-8分别为各年各门槛区间外企和内资企业观察值所占比例。1998~2013年，外企和内资企业属于区间1和区间2的观察值占比显著增加，同时，外企落在区间1的样本占比略高于内资企业，且外企门槛值均低于内资企业（门槛值越低代表吸收能力越强），说明总体上来看，涉农外企的吸收能力要高于内资企业。

表2-7 1998~2013年各门槛区间外企观察值占比   单位：%

区间＼年份	1998	1999	2000	2001	2002	2003	2004	2005	2006	2007	2008	2009	2010	2011	2012	2013
直接影响 1	27.7	29.9	28.2	26.1	27.1	23.3	16.9	21.6	20.8	20.4	24.2	24.7	19.0	32.9	33.0	40.4
直接影响 2	39.2	41.2	41.3	41.3	39.6	39.8	38.4	39.7	40.5	40.4	41.7	41.4	39.0	50.7	49.6	49.6
直接影响 3	33.1	28.8	30.5	32.6	33.3	36.9	44.7	38.6	38.7	39.2	34.1	34.0	42.0	16.4	17.4	10.1
水平溢出 1	21.0	22.2	20.7	18.8	20.0	16.8	11.8	14.6	14.9	14.9	18.3	18.7	13.7	23.4	23.1	28.9
水平溢出 2	36.3	39.3	38.4	37.8	35.8	36.0	32.8	35.6	34.9	34.9	35.5	33.0	50.4	49.4	53.3
水平溢出 3	42.7	38.6	40.9	43.5	44.2	47.2	55.3	49.8	50.1	50.6	45.8	45.8	53.2	26.3	27.6	17.8
示范效应 1	21.0	22.2	20.7	18.8	20.0	16.8	11.8	14.6	14.9	14.9	18.3	18.7	13.7	23.4	23.1	28.9
示范效应 2	40.4	43.4	42.4	42.4	39.6	40.0	36.6	39.8	38.8	38.5	40.9	40.5	36.9	54.6	53.8	56.9
示范效应 3	38.6	34.4	36.9	38.8	40.4	43.1	51.6	45.6	46.3	46.6	40.8	49.3	22.0	23.1	14.1

续表

年份 区间		1998	1999	2000	2001	2002	2003	2004	2005	2006	2007	2008	2009	2010	2011	2012	2013
人员 流动 效应	1	27.7	29.9	28.2	26.1	27.1	23.3	16.9	21.6	20.8	20.4	24.2	24.7	19.0	32.9	33.0	40.4
	2	39.2	41.2	41.3	41.3	39.6	39.8	38.4	39.7	40.5	40.4	41.7	41.4	39.0	50.7	49.6	49.6
	3	33.1	28.8	30.5	32.6	33.3	36.9	44.7	38.6	38.7	39.2	34.1	34.0	42.0	16.4	17.4	10.1
竞争 效应	1	27.7	29.9	28.2	26.1	27.1	23.3	16.9	21.6	20.8	20.4	24.2	24.7	19.0	32.9	33.0	40.4
	2	37.1	39.1	39.2	39.3	37.0	37.3	35.4	37.4	37.4	37.2	39.3	38.8	36.4	48.7	47.2	48.0
	3	35.3	31.0	32.6	34.6	35.9	39.4	47.6	41.0	41.9	42.4	36.4	36.5	44.6	18.4	19.7	11.6

注：区间 1：AC≤λ_1；区间 2：AC∈（λ_1，λ_2]；区间 3：AC>λ_2。

表 2-8 1998~2013 年各门槛区间内资企业观察值占比 单位：%

年份 区间		1998	1999	2000	2001	2002	2003	2004	2005	2006	2007	2008	2009	2010	2011	2012	2013
水平 溢出	1	21.4	20.3	19.8	19.1	21.5	17.6	14.5	15.3	13.6	12.7	18.1	19.9	11.8	28.8	28.1	37.9
	2	35.4	38.2	39.5	38.8	39.2	37.7	37.1	40.0	41.7	40.7	44.1	43.2	35.8	59.0	57.8	53.1
	3	43.1	41.5	40.6	42.2	39.3	44.6	48.4	44.7	44.7	46.6	37.8	36.9	52.4	12.2	14.1	8.9
示范 效应	1	19.2	18.1	17.6	17.0	19.1	15.8	12.7	13.4	11.8	10.9	15.8	17.3	10.1	24.9	24.1	32.4
	2	26.3	28.0	28.9	27.6	28.8	26.3	25.1	26.9	27.8	26.7	31.8	30.7	23.7	49.7	48.8	49.5
	3	54.5	53.8	53.5	55.4	52.2	57.9	62.2	59.7	60.4	62.3	52.5	52.0	66.2	25.4	27.2	18.1
人员 流动 效应	1	16.5	15.3	14.8	14.4	16.3	13.2	10.3	11.1	9.6	8.8	13.0	14.2	8.3	19.3	18.8	25.0
	2	28.9	30.8	31.7	30.2	31.6	28.9	27.4	29.2	30.0	28.9	34.5	33.9	25.6	55.3	54.0	57.0
	3	54.5	53.8	53.5	55.4	52.2	57.9	62.2	59.7	60.4	62.3	52.5	52.0	66.2	25.4	27.2	18.1
竞争 效应	1	16.5	15.3	14.8	14.4	16.3	13.2	10.3	11.1	9.6	8.8	13.0	14.2	8.3	19.3	18.8	25.0
	2	36.4	39.1	40.2	38.7	39.9	37.5	36.4	38.9	40.4	39.1	44.4	43.4	34.2	64.7	63.5	63.7
	3	47.0	45.6	45.0	46.9	43.8	49.3	53.3	50.0	50.0	52.1	42.6	42.4	57.6	16.0	17.7	11.4

注：区间 1：AC≤λ_1；区间 2：AC∈（λ_1，λ_2]；区间 3：AC>λ_2。

三、估计结果讨论

在对吸收能力门槛效应进行检验后，FDI 对涉农企业 TFP 影响的估计结果如

表 2 - 9 所示，从表中可以看出，FDI 对涉农企业存在显著的直接影响和溢出效应，与假说 H2 - 1、H2 - 2 一致。

（一）FDI 对涉农外商投资企业的直接影响和间接溢出效应

表 2 - 9 中第（1）至第（5）列为 FDI 对涉农外企影响的估计结果，可以看到，涉农外企自身吸引的外商投资越多，其全要素生产率越高，外商投资越多意味着企业从母公司得到的知识转移和技术支持更多。在门槛效应方面，FDI 对各吸收能力水平的外企均存在积极的直接影响，但对吸收能力高的企业产生的促进作用更大。

在考察各水平溢出途径之前，本书对同行业外企产生的总水平溢出效应进行了估计，由表 2 - 9 第（1）列可以看到，在不考虑吸收能力的门槛作用时，FDI 对涉农外企产生的总水平溢出效应不显著，第（2）列结果显示，对于区间 1 中的外企（18.36%），存在积极的水平溢出效应，而对于区间 2 和区间 3 内涉农外企（81.64%），水平溢出效应显著为负，且吸收能力越弱的企业，受负向溢出效应的影响越大。

本书考察了 FDI 水平溢出的各分解效应。从表 2 - 9 可以看到，FDI 对涉农外企存在显著为负的示范效应，且其中存在两个吸收能力门槛。对于区间 1 内（吸收能力较高）的外企（18.36%），不存在显著的示范效应。对于区间 2 和区间 3 内（吸收能力较低）的外企（81.64%），FDI 示范效应为负，且吸收能力越弱的企业获得的负向溢出越大。这可能是由于吸收能力较低的企业容易对外企产生技术依赖，同时缺乏模仿其他外企的能力，难以在短期内获得技术进步，从而导致 TFP 下降。

此外，对于涉农外企，总的 FDI 人员流动效应显著为正，同时，存在吸收能力的门槛效应。区间 1 和区间 2 内的外企（67.35%）可以接收到正向的人员流动效应，且吸收能力越强，该正向影响越大，对于区间 3 内的外企（32.65%）存在负向人员流动效应。这可能是由于吸收能力较高的企业可以为员工提供高薪

表 2 - 9　FDI 对涉农企业 TFP 的影响估计结果

因变量	外企 TFP						内资企业 TFP			
核心变量	(1) 直接影响	(2) 水平溢出	(3) 示范效应	(4) 人员流动效应	(5) 竞争效应	(6) 固定效应	(7) 水平溢出	(8) 示范效应	(9) 人员流动效应	(10) 竞争效应
lna	-0.204***	-0.217***	-0.247***	-0.325***	-0.312***	0.083***	0.072***	0.073***	0.070***	0.063***
	(-2.75)	(-2.71)	(-2.67)	(-3.46)	(-3.56)	(9.22)	(5.26)	(5.39)	(5.31)	(5.36)
EX	0.134***	0.119***	0.158***	0.167***	0.150***	0.270***	0.155***	0.166***	0.143***	0.148***
	(5.63)	(4.89)	(6.54)	(8.09)	(7.15)	(15.38)	(7.21)	(7.98)	(6.45)	(6.81)
STATE	-0.103	-0.251**	-0.220**	-0.117	-0.049	-0.576***	-0.459***	-0.464***	-0.409***	-0.400***
	(-1.15)	(-2.57)	(-2.29)	(-1.50)	(-0.64)	(-23.34)	(-12.01)	(-12.08)	(-11.00)	(-12.00)
lnSH^{CD}	-0.304**	-0.600***	-0.538***	-0.540***	-0.454***	-0.527***	-0.438***	-0.257**	0.092	0.215**
	(-2.36)	(-4.21)	(-3.14)	(-3.14)	(-2.80)	(-5.43)	(-4.30)	(-2.29)	(0.93)	(2.26)
SCALE	0.198***	0.165***	0.142***	0.160***	0.143***	0.350***	0.261***	0.253***	0.247***	0.233***
	(5.86)	(4.89)	(4.19)	(4.79)	(4.49)	(25.97)	(11.06)	(10.19)	(10.69)	(10.97)
lnD	-0.011***	-0.015***	-0.023***	-0.024***	-0.021***	0.006***	-0.0001	-0.001	0.001	0.002
	(-5.48)	(-7.11)	(-7.22)	(-7.05)	(-6.59)	(6.48)	(-0.06)	(-0.33)	(0.34)	(1.25)
lnRD	0.023	0.013	0.012	0.021	0.020	-0.039**	-0.032**	-0.031**	-0.030**	-0.018
	(1.64)	(0.75)	(0.64)	(1.40)	(1.37)	(-2.41)	(-2.36)	(-2.25)	(-2.47)	(-1.49)
lnEDU	0.027	-0.002	-0.017	0.011	0.027	0.097***	0.048**	0.051**	0.048**	0.076***
	(1.27)	(-0.16)	(-1.01)	(0.52)	(1.33)	(3.72)	(2.10)	(2.24)	(2.23)	(3.94)
lnNEWP	-0.001	0.002	0.003	-0.0003	0.001	0.007***	0.006**	0.005*	0.004	0.007***
	(-0.28)	(0.51)	(0.71)	(-0.06)	(0.29)	(3.80)	(2.00)	(1.81)	(1.49)	(2.77)

续表

因变量		外企 TFP					内资企业 TFP			
	(1)	(2)	(3)	(4)	(5)	(6)	(7)	(8)	(9)	(10)
核心变量	直接影响	水平溢出	示范效应	人员流动效应	竞争效应	固定效应	水平溢出	示范效应	人员流动效应	竞争效应
$\ln\widehat{\text{FDI}}$	—	0.462***	0.508***	0.586***	0.551***	—	—	—	—	—
		(5.30)	(4.78)	(5.31)	(5.44)					
$\ln\text{SH}$	-0.363	—	—	-2.771***	-2.469***	-1.362***	—	—	0.594	0.928**
	(-0.83)			(-3.84)	(-3.66)	(-6.73)			(1.55)	(2.38)
$\ln\text{SH}^{L}$	—	—	1.108***	—	1.549***	—	—	-0.723***	—	-0.782***
			(2.62)		(3.61)			(-2.66)		(-2.86)
$\ln\text{SH}^{CF}$	—	—	-6.939***	-8.054***	—	—	—	-0.992	-0.288	—
			(-4.58)	(-4.95)				(-0.86)	(-0.25)	
门槛区间										
1	0.413***	2.012***	0.536	2.918***	-4.753***	—	4.556***	5.037***	2.292***	3.905***
	(5.08)	(4.13)	(0.77)	(5.82)	(-3.14)		(10.19)	(10.37)	(6.71)	(3.32)
2	0.365***	-1.197**	-2.769***	0.894*	-9.382***	—	0.463	0.944**	-0.246	-1.226
	(4.50)	(-2.60)	(-4.10)	(1.91)	(-6.14)		(1.38)	(2.35)	(-0.84)	(-1.10)
3	0.303***	-5.334***	-7.079***	-2.298***	-16.87***	—	-3.804***	-3.294***	-3.217***	-7.536***
	(3.73)	(-10.60)	(-9.73)	(-4.31)	(-10.38)		(-11.12)	(-8.18)	(-9.92)	(-6.50)
样本数	2624	2624	2624	2624	2624	6656	6656	6656	6656	6656
R^2	0.5927	0.5258	0.5328	0.5632	0.6044	0.2824	0.5265	0.5287	0.5411	0.5679
F	42.77	47.74	44.09	44.27	49.47	245.23	107.15	94.54	86.75	97.88

注：括号中为 t 值，*，** 和 *** 分别表示在 10%、5% 和 1% 水平下显著。门槛区间 1：$AC \leq \lambda_1$；门槛区间 2：$AC \in (\lambda_1, \lambda_2]$；门槛区间 3：$AC > \lambda_2$。

或更好的职业发展机会，具有较强的人才吸引力，从而使员工从低吸收能力企业流向高吸收能力企业。

从表 2 - 9 中还可以看到，FDI 对涉农外企存在消极的竞争效应，对于各区间内外企，FDI 竞争效应均显著为负，吸收能力越弱的企业受竞争效应的影响越大，这可能是由于吸收能力较弱的企业竞争力较差，因此更容易被抢占市场份额，造成 TFP 下降，最终退出市场（Chen 等，2009；Zahra 和 George，2002）。

总的来说，涉农外企吸收能力越弱，从 FDI 溢出中获益的可能性越小，甚至会遭受负向溢出效应的影响。结果显示，对于区间 1 中的外企，存在正向人员流动效应和负向竞争效应，但总的水平溢出效应为正，即同行业 FDI 的增加可以促进其 TFP 增长；对于区间 2 中的外企，除正向人员流动效应和负向竞争效应外，还受到负向示范效应的影响，因此，总的水平溢出效应显著为负；对于区间 3 中的外企，同行业 FDI 可以通过示范效应、人员流动效应和竞争效应对其产生消极影响。对于 18.36% 吸收能力较高的涉农外企，总的 FDI 水平溢出效应为正，而对于其他吸收能力较弱的外企则为负。

（二）同行业外企对涉农内资企业的溢出效应

由表 2 - 9 第（6）列可以看出，与外企估计结果不同，FDI 对涉农内资企业产生的总水平溢出效应显著为负。在门槛效应方面，对于区间 1 内企业（18.04%），水平溢出效应显著为正，而对于区间 3 内吸收能力较弱的涉农内资企业（49.23%），总水平溢出效应为负。

在水平溢出的分解效应中，FDI 可以对涉农内资企业产生积极的示范效应，在门槛效应方面，对于区间 1 和区间 2 内的企业（50.77%），示范效应是积极的，对于区间 3 内的企业（49.23%），示范效应为负。由此可见，与外企相比，涉农内资企业更容易从 FDI 示范效应中获益，这可能是由于涉农外企与内资企业之间竞争性较弱导致的。

与外企相反，FDI 对涉农内资企业的总人员流动效应显著为负。对区间 1 内企业（14.65%）有积极的人员流动效应，对于区间 3 内企业（49.23%）则产生负向溢出效应。与外企相比，从人员流动效应中获益的涉农内资企业占比要低很多。一种可能的解释是，与外企相比，涉农内资企业薪酬待遇较低，对人才的吸引力较弱，在与外企的人才竞争中处于劣势。

此外，FDI 对涉农内资企业总竞争效应不显著，对区间 1 内企业（14.65%）有积极的竞争效应，而对于区间 3 内企业（40.63%）竞争效应为负。可见，与外企相比，涉农内资企业受 FDI 负向竞争效应的影响较小，可能的原因是，中国涉农外企多为大型跨国公司，而内资企业多为中小规模，两者服务于不同的市场，产品之间的互补性大于竞争性，因此，FDI 对涉农内资企业产生的竞争效应有限。这也进一步解释了为什么涉农内资企业可以从示范效应中获益，而涉农外企只受到负向示范效应的影响。

涉农内资企业回归结果进一步证明了吸收能力较强的企业更有可能获得正向的 FDI 溢出效应。与外企类似，对于 18.04% 的涉农内资企业，FDI 对 TFP 的总水平溢出效应为正，对于 49.23% 吸收能力较弱的内资企业 FDI 水平溢出效应为负。人员流动效应对外企 TFP 有积极影响，但会降低内资企业 TFP。相反，由于涉农外资和内资企业之间互补性大于竞争性，因此，涉农外企受负向示范效应和竞争效应的影响较大，而涉农内资企业可以从 FDI 示范效应中获益，同时免受负向竞争效应的影响。

关于控制变量，各门槛模型中的结果是一致的。从表 2 - 9 中可以看到，是否出口（EX）和企业规模（SCALE）对涉农企业全要素生产率有积极影响，而职工教育支出（EDU）和新产品产值（NEWP）对涉农内资企业 TFP 有积极影响。但是，研发支出（RD）对涉农内资企业 TFP 的影响显著为负，这与前人对制造业企业的研究结果不一致（Hall 和 Mairesse，1995；Klette 和 Johansen，2000；Lichtenberg 和 Siegel，1991），可能是由于企业将研发投入转化为生产力需要一定的时间。

四、稳健性检验

前文运用中国涉农企业平衡面板数据考察了 FDI 对企业全要素生产率的溢出效应，但回归结果是否稳健仍未知。下文采用各 FDI 溢出变量滞后项对模型进行稳健性检验，同时对 FDI 溢出的滞后效应进行考察。从表 2－10 可以看到，稳健性估计结果与前文一致。在门槛效应方面，各溢出渠道中门槛个数与前文一致。对于外商投资企业，FDI 对区间 1 内企业（吸收能力较强）存在滞后一期的正向示范效应和竞争效应；对于内资企业，FDI 对区间 2 内企业（吸收能力中等）存在一阶滞后的正向水平溢出效应。总体上来看，吸收能力越强的企业接收到的正向溢出越大，负向溢出越小，再次验证了上文的结论。此外，本书还采用 O－P 法、L－P 法以及 WRDG 法计算得到的企业全要素生产率进行稳健性检验（见附表 5 至附表 7），估计结果与前文一致，说明本书的回归结果具有稳健性，即 FDI 对中国涉农企业全要素生产率具有显著的直接影响和间接溢出效应，且在各影响渠道中存在吸收能力门槛。

【结语】

本章利用中国涉农企业数据，采用 Hansen（1999）的回归模型，揭示了 FDI 溢出对中国涉农外企和内资企业全要素生产率的影响，考察了吸收能力对 FDI 溢出效应的调节作用。结果表明，FDI 对涉农外企存在积极的直接影响和人员流动效应以及消极的示范效应和竞争效应，总的水平溢出效应为正。而涉农内资企业可以从 FDI 示范效应中获益，同时遭受人员流动效应的负面影响，总的水平溢出效应为负。此外，企业的吸收能力可以调节 FDI 对其 TFP 的影响，与吸收能力强的企业相比，吸收能力较弱的企业从 FDI 溢出中获益较少。通过以上分析可以发现，FDI 溢出效应是一把"双刃剑"，它在使某些涉农企业受益的同时，对其他涉农企业造成负面影响。

表2-10 稳健性检验

因变量	外企TFP					内资企业TFP				
核心变量	直接影响	水平溢出	示范效应	人员流动效应	竞争效应	固定效应	水平溢出	示范效应	人员流动效应	竞争效应
lna	0.111***	0.100***	0.104***	0.104***	0.106***	0.079***	0.059***	0.058***	0.052***	0.051***
	(4.32)	(3.19)	(3.24)	(3.68)	(4.06)	(8.95)	(4.45)	(4.43)	(4.08)	(3.95)
EX	0.132***	0.160***	0.161***	0.159***	0.146***	0.263***	0.141***	0.143***	0.146***	0.146***
	(6.02)	(7.68)	(7.83)	(7.41)	(6.81)	(15.75)	(6.39)	(6.73)	(6.75)	(6.81)
STATE	-0.301***	-0.362***	-0.359***	-0.330***	-0.327***	-0.530***	-0.411***	-0.419***	-0.378***	-0.386***
	(-2.99)	(-3.17)	(-3.15)	(-3.12)	(-3.31)	(-20.92)	(-11.99)	(-12.29)	(-11.08)	(-11.69)
lnSH^{CD}	-0.163*	-0.097	-0.057	-0.021	-0.165*	-0.289***	-0.090	-0.053	0.038	-0.052
	(-1.81)	(-1.11)	(-0.67)	(-0.23)	(-1.89)	(-3.41)	(-1.62)	(-0.90)	(0.63)	(-0.94)
SCALE	0.164***	0.189***	0.186***	0.189***	0.166***	0.346***	0.260***	0.258***	0.250***	0.233***
	(5.82)	(5.80)	(5.74)	(6.04)	(5.55)	(26.34)	(10.55)	(10.19)	(10.59)	(10.75)
lnD	-0.007***	-0.007***	-0.008***	-0.007***	-0.006***	0.005***	-0.0002	0.001	0.001	0.002
	(-4.04)	(-4.01)	(-4.06)	(-3.89)	(-3.10)	(5.43)	(-0.19)	(0.37)	(0.58)	(1.49)
lnRD	0.004	-0.011	-0.011	-0.007	0.006	-0.037**	-0.031**	-0.031**	-0.030**	-0.023**
	(0.32)	(-0.91)	(-0.91)	(-0.59)	(0.44)	(-2.51)	(-2.47)	(-2.45)	(-2.54)	(-2.18)
lnEDU	0.026*	0.042**	0.043**	0.032*	0.044**	0.079***	0.048**	0.053**	0.054**	0.076***
	(1.68)	(2.15)	(2.10)	(1.78)	(2.42)	(3.30)	(2.05)	(2.28)	(2.39)	(3.70)
lnNEWP	0.005	0.006	0.006	0.006	0.006	0.007***	0.004	0.004	0.002	0.006**
	(1.12)	(1.17)	(1.15)	(1.37)	(1.28)	(3.73)	(1.48)	(1.45)	(0.92)	(2.31)

续表

因变量		外企 TFP						内资企业 TFP			
核心变量		直接影响	水平溢出	示范效应	人员流动效应	竞争效应	固定效应	水平溢出	示范效应	人员流动效应	竞争效应
$\ln\widehat{FDI}$		—	0.047*	0.038	0.046*	0.045**	—	—	—	—	—
		(—)	(1.85)	(1.42)	(1.94)	(2.09)	(—)	(—)	(—)	(—)	(—)
$\ln SH\_1$		0.141	—	—	-0.147	0.192	-0.554***	—	—	—	—
		(0.61)	(—)	(—)	(-0.47)	(0.60)	(-3.04)	(—)	(—)	(—)	(—)
$\ln SH^{L}\_1$		—	—	-0.282	—	-0.203	—	—	-0.641***	0.370	0.317
		(—)	(—)	(-0.93)	(—)	(-0.70)	(—)	(—)	(-2.92)	(1.38)	(1.19)
$\ln SH^{CF}\_1$		—	—	-0.826	-0.270	—	—	—	0.313	0.325	-0.339
		(—)	(—)	(-0.97)	(-0.32)	(—)	(—)	(—)	(0.43)	(0.46)	(-1.45)
门槛区间											
1		0.083***	2.739***	2.836***	1.732***	4.921***	—	4.372***	4.779***	2.113***	4.362***
		(3.81)	(7.63)	(6.46)	(5.50)	(4.67)	(—)	(12.83)	(12.62)	(7.64)	(5.78)
2		0.040*	-0.232	-0.163	-0.226	0.661	—	0.540**	0.939***	-0.258	-0.243
		(1.85)	(-0.77)	(-0.45)	(-0.72)	(0.72)	(—)	(1.99)	(3.01)	(-1.07)	(-0.35)
3		-0.009	-3.753***	-3.682***	-2.497***	-4.192***	—	-3.676***	-3.262***	-3.073***	-5.786***
		(-0.40)	(-9.21)	(-8.55)	(-6.98)	(-4.51)	(—)	(-12.12)	(-9.86)	(-11.23)	(-8.20)
样本数		2460	2460	2460	2460	2460	6240	6240	6240	6240	6240
R²		0.5574	0.4940	0.4954	0.5026	0.5347	0.2688	0.5309	0.5324	0.5469	0.5603
F		48.89	34.27	33.47	34.17	41.62	213.70	104.68	92.37	88.15	88.87

注：括号中为 t 值。*，**和***分别表示在 10%，5%和 1%水平下显著。门槛区间 1：$AC \leqslant \lambda_1$；门槛区间 2：$AC \in (\lambda_1, \lambda_2]$；门槛区间 3：$AC > \lambda_2$。

第三章　上下游 FDI 对中国涉农企业 TFP 影响的差异

在第二章中，我们考察了同行业 FDI 对中国涉农企业全要素生产率的直接影响和溢出效应，提出了三条理论假说，并运用涉农企业层面的微观数据对其进行了验证，为我们进一步从产业间关联视角分析上下游 FDI 对涉农企业 TFP 的溢出效应奠定了基础。本章同样运用 9280 个中国涉农企业的微观样本进行了实证检验，考察了 FDI 对涉农企业的垂直溢出效应及其进一步产生的外部性。

第一节　上下游 FDI 对涉农企业影响的理论分析

一、理论分析

在发展中国家，外企通常被认为拥有更先进的技术和管理经验，这些技术和知识很难被本地企业简单复制，却可以通过多种途径产生溢出。在第二章中，我们验证了同行业 FDI 可以通过示范、人员流动和竞争效应对涉农企业产生溢出，除此之外，其他关联产业 FDI 的增加也可能对涉农企业 TFP 产生影响，例如：下游外企可能会向其国内供应商提供技术支持或传授管理经验，上游外企提供的高质量投入可以促进本地企业 TFP 提升，FDI 通过这种产业间关联对其他企业产生的影响被称为垂直溢出效应，如图 3 – 1 所示。

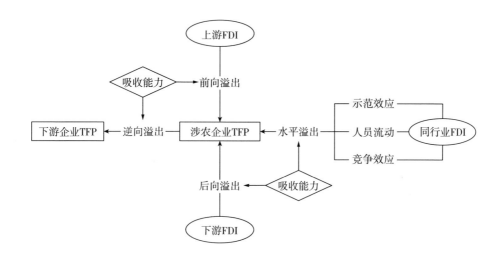

图 3 – 1　FDI 溢出渠道

垂直溢出包括前向和后向两种关联（Lall，1980；Rodríguez – Clare，1996）。前向溢出效应是指外企通过向下游行业提供中间产品或服务而产生的溢出效应，外企通过将具有新技术、高质量和低成本的产品提供给东道国的本土企业，提高本土企业 TFP，扩大产品种类、扩展市场，从而形成积极的前向关联。虽然上游外企可以通过为国内企业提供更高质量的投入和更先进的设备而产生正向影响（Markusen 和 Venables，1999），然而高质量投入通常价格较高，且外企生产的投入品可能不适合内资企业的需求，从而产生负的前向溢出效应（Schoors 和 Mer-levede，2007）。

后向溢出效应是指外企通过向上游企业购买中间产品或服务而产生的溢出效

应，外企通过采购上游供应商的中间产品和服务或通过技术转移的方式帮助上游供应商形成规模经济，提高产品质量和 TFP，形成积极的后向关联效应。一方面，为了得到高质量的投入品，下游外企会向其国内供应商转移技术和管理经验，从而产生后向溢出效应；另一方面，下游外企由于对投入品要求较高，可以激励企业提高其技术和全要素生产率水平，从而对上游企业产生正向溢出。但也有研究表明，外企更倾向于进口投入品，下游外企的增加导致内资企业销售减少，产生负向溢出（Stančík，2009）。Liang（2017）认为，由于中国外企多是出口导向型的，因此 FDI 后向溢出应比前向溢出更显著。

除上述两种溢出渠道外，一些学者认为，下游外企会在一定程度上帮助其上游供应商提高技术和生产水平，在上游企业接收到后向溢出后，还可以通过向其他下游企业出售产品，使这些企业也可以"搭便车"获得高质量的投入，从后向溢出中进一步获利，进而产生逆向溢出效应（二阶后向溢出），即 FDI 通过后向溢出对上游企业产生影响后，这些企业又会反过来对其他下游企业产生前向溢出（Markusen 和 Venables，1999）。下游外企为了建立高效的供应链，可能会有意地将技术转移给上游企业（Pack 和 Saggi，2001）。为了避免依赖于单一供应商，甚至会向多个上游企业转移技术，并鼓励上游企业与同行分享技术。另一些学者认为，上游企业将商品销售给其他下游企业，不仅提高了下游企业的生产率和利润，也降低了投入品的价格，从而鼓励更多企业进入下游市场，加剧了下游市场的竞争（Blalock 和 Gertler，2008）。因此，总的逆向溢出效应取决于这两种影响的相对大小。目前，仅有少数研究考察了 FDI 的逆向溢出效应，Schoors 和 Merlevede（2007）对罗马尼亚的情况进行研究，证明存在积极的 FDI 逆向溢出，而 Jude（2016）发现 FDI 对罗马尼亚企业全要素生产率存在负的逆向溢出。

二、研究假说

由于涉农企业与工业企业的特点不完全相同，因而农业 FDI 的生产率溢出机制与工业部门会有一定的不同。我国涉农企业数量多、规模较小，不论前向溢出还是后向溢出，外企都服务于更多的中小涉农企业或农户，从而使垂直溢出更加容易产生。此外，国内中小规模企业之间的联系必然比大规模企业的联系更加复杂，这也使逆向溢出效应更加容易形成。综合前人的研究，结合本书的研究团队已有的相关研究成果，本书针对产业间 FDI 溢出的各渠道提出假说：

H3－1：FDI 对中国涉农企业 TFP 存在显著的垂直溢出和逆向溢出效应。

企业吸收能力，即企业识别、消化和使用外部资源和技术的能力。在不断变化的市场环境中，高吸收能力可以帮助企业快速适应新技术环境，发现更多机会（Zahra 和 George，2002），因此吸收能力高的企业可以从 FDI 溢出中获益更多。很多研究表明，FDI 垂直溢出中存在吸收能力的门槛效应（Girma，2005；Krog-strup 和 Matar，2005；黄凌云和吴维琼，2013），吸收能力越高，FDI 溢出效应越显著。根据以上讨论，本书将检验假说 H3－2。在我国涉农企业利用上下游外企提供的高质量投入和技术支持的过程中，与外资规模、技术水平等越接近的国内涉农企业更容易较好地吸收新知识，获得显著的 FDI 溢出效应，相反，对于技术水平差距较大的企业，FDI 溢出效应必然较小，因此可以推断上下游 FDI 对中国涉农企业 TFP 的溢出中存在吸收能力的门槛效应。

H3－2：上下游 FDI 对中国涉农企业 TFP 的溢出中存在吸收能力的门槛效应。

第二节　上下游 FDI 对涉农企业影响的实证检验

本章通过构建企业 TFP 与多个 FDI 变量的函数来考察上下游 FDI 对涉农企业溢出的不同途径。下文首先构建 Hansen（1999）的非动态面板门槛模型，考察了企业吸收能力的门槛作用；其次使用各 FDI 变量的一阶滞后项检验 FDI 溢出滞后效应；最后考察了 FDI 溢出的区域效应。

一、FDI 溢出变量测算

（一）垂直溢出

现有研究通常将 FDI 垂直溢出效应划分为前向溢出和后向溢出，用企业出售给下游外企的产出占总产出的比重来衡量 FDI 后向溢出，用企业从上游外企购买的投入占总投入的比重来衡量 FDI 前向溢出。在理想情况下，应测算每家企业出售给外企的产出或从外企购买的投入份额，但由于缺乏企业层面相关数据，我们使用行业层面数据对垂直溢出进行衡量。后向溢出（SB_{jt}）的测算方法如下：

$$SB_{jt} = \sum_{j \neq k} \alpha_{jkt} \times SH_{kt} \qquad (3-1)$$

其中，α_{jkt} 表示 t 年行业 j 出售给下游行业 k 的产出占行业 j 总产出的比重，由国家统计局 1997 年投入产出表得到，不包括最终消费、进口以及行业内销售。SB_{jt} 即所有下游行业中外资存在的加权和。

类似地，FDI 前向溢出（SF_{jt}）计算方法如下：

$$SF_{jt} = \sum_{j \neq k} \sigma_{jkt} \times SH_{kt} \qquad (3-2)$$

其中，σ_{jkt} 表示 t 年行业 j 从上游行业 k 购买的投入占行业 j 总投入的比重，同样由国家统计局 1997 年投入产出表得到，不包括来自同行业的投入以及外企用于出口的产出。

（二）逆向溢出

逆向溢出效应（Supply – backward Spillovers）由 Markusen 和 Venables（1999）提出，他们认为下游 FDI 不仅会直接影响与外企接触的上游企业，还会对下游行业中的其他企业产生间接影响。后 Blalock 和 Gertler（2008）对逆向溢出的计算方法进行了改进，借鉴 Blalock 和 Gertler（2008）的研究，本书逆向溢出的计算方法如下（SSB$_{jt}$）：

$$SSB_{jt} = \sum_{k \neq j} \sigma_{jkt} \times SB_{kt} \qquad (3-3)$$

其中，σ_{jkt} 表示 t 年行业 j 从上游行业 k 购买的投入占其总投入的比重，SB$_{kt}$ 是上游行业 k 接收的后向溢出。该变量反映了企业从外企的供应商处购买投入获得的溢出效应，包括第一个阶段——后向溢出和第二个阶段——前向溢出，考察了垂直溢出的外部性。

二、实证模型

本章仍参考 Hansen（1999）的方法，构建 FDI 对中国涉农企业 TFP 溢出的非动态面板门槛模型，并对吸收能力的门槛值进行显著性检验：

$$lnTFP_{ijt} = C + \beta_5 lnSF_{jt} + \beta_6 lnSSB_{jt} + \delta_1 lnSB_{jt} I(AC_{ijt} \leq \theta) + \delta_2 lnSB_{jt} I(AC_{ijt} > \theta) +$$
$$\varphi X_{ijt} + e_{ijt} \qquad (3-4)$$

其中，TFP$_{ijt}$是 t 年行业 j 中企业 i 的全要素生产率，AC$_{ijt}$为吸收能力，用企业技术差距表示，I（·）为指示函数，i、j、t 分别表示企业、四位码行业和年份，θ 为待估算的门槛值，e$_{ijt}$为随机扰动项。X$_{ijt}$是一组控制变量，包括：外资企业 FDI 存量（FDI1）、水平溢出变量（SH、SH^L、SH^{CF}）、企业年龄（a）、企业是否出口（EX）、企业是否国有（STATE）、内资企业赫芬达尔指数（SH^{CD}）、企业规模（SCALE）、研发支出（RD）、职工教育支出（EDU）、新产品产值（NEWP）和下游行业对 j 行业的需求（D）。SB 为核心解释变量，可以考察吸收能力对 FDI 后向溢出的门槛效应。由于无法同时设定多个核心解释变量，本章将依次以 SB、SF 和 SSB 三种 FDI 溢出渠道作为核心解释变量，考察吸收能力对各溢出渠道门槛效应的存在性。

三、省内外 FDI 溢出

前文中我们研究了国内企业自身因素对 FDI 溢出效应的影响。除吸收能力外，FDI 溢出效应还受到国内企业与外企间地理距离的影响，随着地理距离的增加，溢出效应逐渐减弱（Audretsch，1998）。当企业距离溢出来源较近时，其进行模仿和交流的成本大大降低，同时，企业间的人员流动也更容易在区域内发生，受运输成本的限制，垂直溢出主要发生在同一区域内，为了争夺市场和有限的资源，竞争效应在区域内也更容易被激发出来（Girma 和 Wakelin，2001；Jordaan，2005）。Jaffe 等（1993）用美国大学和企业专利引用数据对知识溢出效应进行的研究表明，专利引用通常来自于同一个州或大都市，且其对研发活动的影响在本地尤为显著，即溢出效应在区域内更加显著。Keller（2002）发现技术转移者和接受者之间的地理距离越远，企业从溢出效应中的获益越少。

由于农业具有较强的区域性，因而涉农企业的分布也有区域性特点，外企所处区域往往是农业生产或农产品销售的集中区域，同省涉农企业在生产环境等方面都类似，而位于外省的企业，其生产条件和市场特点等都不一样，因而省内 FDI 溢出可能比省外 FDI 溢出效应更大。因此，本书将进一步探讨省内外 FDI 对涉农企业溢出效应的区别。为了研究区域效应对 FDI 溢出的影响，本书分别计算了省内外的 RSH、NRSH、RSH^L、$NRSH^L$、RSH^{CF}、$NRSH^{CF}$、RSB、NRSB、RSF、NRSF 变量。例如，省内示范效应的计算方法如下：

$$RSH_{jrt} = \sum_{i=1}^{n_{jr}} (\rho_i \times Sales_{ijt}) / \sum_{i=1}^{N_j} Sales_{ijt} \qquad (3-5)$$

其中，n_{jr} 为 t 年 r 省行业 j 中的外企数，N_j 为 t 年行业 j 中的企业总数，ρ_i 是企业 i 外商资本占总资本的比重，$Sales_{ijt}$ 表示 t 年行业 j 中 i 企业的销售额，RSH_{jrt} 即 t 年 r 省行业 j 中外企销售额占全国企业总销售额的比重。

第三节 数据来源与描述统计

一、数据来源

与第二章类似，本章采用的涉农企业数据来自中国工业企业数据库，根据涉农行业代码进行筛选得到，并进行样本匹配、企业识别、样本剔除等数据处理，然后将其转化为平衡面板数据，得到 580 家企业的 9280 条观测值。我们分别使用涉农企业总样本与平衡面板子样本进行固定效应回归，考察 FDI 对 TFP 的垂直溢出，发现估计结果在两样本之间保持一致（见附表 8）。行业间投入产出数据来源于中国国家统计局。

二、描述统计与分布特征

对式（3-4）中所涉变量以及省内外 FDI 溢出变量的描述统计如表 3-1 所示，表中变量 SH^{CD}、D、SH、SH^{L}、SH^{CF}、SB、SF、SSB 均为行业层面变量，而 TFP 经过了极值处理，故在内资企业和外企样本中，变量最大值与最小值相等。

表 3-1 变量描述性统计

变量	说明	均值/频数		标准差		最小值		最大值	
		内企	外企	内企	外企	内企	外企	内企	外企
TFP	全要素生产率	65.50	99.87	61.17	76.61	1.78	1.78	265.53	265.53
a	企业年龄	18.19	14.05	15.27	10.16	0	0	119	106
EX	是否出口	EX = 1, 1725	EX = 1, 1402	0.44	0.50	0	0	1	1

续表

变量	说明	均值/频数		标准差		最小值		最大值	
		内企	外企	内企	外企	内企	外企	内企	外企
STATE	是否国有	0.14	0.05	0.35	0.22	0	0	1	1
SH^{CD}	市场集中度	0.02	0.03	0.07	0.09	0.001	0.001	0.77	0.77
SCALE	企业规模	1.94	2.15	0.50	0.50	1	1	3	3
D	需求	10800000	8530000	25200000	23200000	0	0	123000000	123000000
RD	研发投入	11.25	2.34	332.96	14.94	0	0	26100	356.99
EDU	职工教育投入	0.45	0.46	3.77	1.98	0	0	137.63	38.85
NEWP	新产品产值	391000	39000	382000	212000	0	0	12500000	3050000
SH	示范效应	0.12	0.16	0.08	0.10	0	0	0.58	0.58
SH^L	人员流动效应	0.22	0.29	0.13	0.15	0.01	0	0.91	0.91
SH^{CF}	竞争效应	0.10	0.09	0.14	0.12	0	0.01	1	1
SB	后向溢出	0.10	0.09	0.22	0.23	0	0	1.77	1.77
SF	前向溢出	0.01	0.01	0.02	0.03	0	0	0.17	0.17
SSB	逆向溢出	0.03	0.03	0.08	0.08	0	0	0.38	0.38
RSH	示范（省内）	0.02	0.03	0.03	0.05	0	0	0.27	0.39
RSH^L	人员（省内）	0.04	0.06	0.06	0.07	0	0	0.85	0.40
RSH^{CF}	竞争（省内）	0.30	0.28	0.33	0.27	0	0	1	1
RSB	后向（省内）	0.01	0.01	0.03	0.04	0	0	0.32	0.65
RSF	前向（省内）	0.002	0.02	0.01	0.01	0	0	0.11	0.11
NRSH	示范（省外）	0.10	0.13	0.08	0.09	0	0	0.56	0.53
$NRSH^L$	人员（省外）	0.18	0.23	0.11	0.13	0	0	0.91	0.90
$NRSH^{CF}$	竞争（省外）	−0.20	−0.20	0.33	0.25	0	0	1	0.73
NRSB	后向（省外）	0.08	0.08	0.19	0.20	0	0	1.77	1.77
NRSF	前向（省外）	0.01	0.01	0.02	0.02	0	0	0.17	0.17
AC	吸收能力	7.94	4.58	9.23	6.23	0.21	1	149.52	149.52
$\widehat{FDI}$	外资存量	—	65900	—	34500	—	3540	—	263000

由表 3 - 1 中 EX 的频率分布可知，在所有样本观测值中，参与出口的涉农内资企业有 1725 家，而有 4931 家涉农内资企业并未参与出口，参与出口的企业约占总体的 26%，参与出口的涉农外企有 1402 家，占外企样本数的 53%，这说明

中国涉农内资企业主要以服务国内市场为主，外企更倾向于出口。

而由企业规模 SCALE 的样本分布可知（见图 3－2 和图 3－3），我国涉农内资企业多为中小规模企业，大型企业仅占总体的 9.8%，中型企业占比 74.5%。涉农外企仍以中型企业为主，占比 73.2%，但其大型企业占比高于内资企业，为20.8%，小型企业仅占总体的 5.9%。

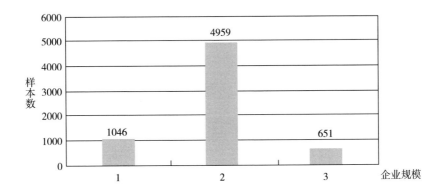

图 3－2　涉农内资企业规模样本分布

注：企业规模赋值 3、2、1，分别表示大、中、小规模，详见表 2－1。

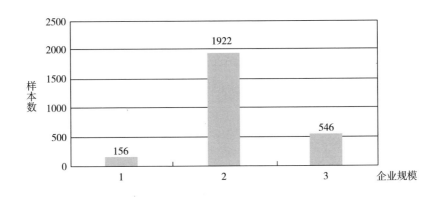

图 3－3　涉农外企规模样本分布

注：企业规模赋值 3、2、1，分别表示大、中、小规模，详见表 2－1。

内资企业带来的竞争压力 SH^{CD} 最大值为 0.77，最小值为 0.001，均值为 0.02，而来自外企的竞争压力 SH^{CF} 介于 0~1，均值为 0.10，可见行业中外企为涉农企业带来的竞争压力远大于内资企业。

第四节　上下游 FDI 影响涉农企业 TFP 的结果与讨论

本部分对 FDI 溢出效应的估计结果进行介绍，仍然采用外资准入政策作为工具变量对内生性问题进行处理，首先讨论总的 FDI 溢出效应以及吸收能力的调节作用，然后研究省内外 FDI 溢出效应的差异。

一、门槛效应检验结果

首先根据式（3-4），使用 Stata 15 依次对各 FDI 垂直溢出渠道进行单门槛、双门槛和三门槛效应检验，直到门槛效应不显著为止。门槛效应检验结果如表 3-2 所示。对外企和内资企业来说，FDI 各垂直溢出渠道中均存在吸收能力的双门槛，意味着根据门槛值 λ_1 和 λ_2，样本可以被分为三个区间，且在这三个区间 FDI 对涉农企业 TFP 的溢出效应不同，验证了假说 H3-2。此外，涉农外企和内资企业位于区间 2 内的样本占比较高，区间 1 内企业占比较低。

表 3-2　门槛效应检验结果

核心变量	外企			内资企业		
	后向溢出	前向溢出	逆向溢出	后向溢出	前向溢出	逆向溢出
单门槛 λ_1	7.7520 ***	8.0208 ***	8.1530 ***	5.9753 ***	9.6830 ***	15.0300 ***
双门槛	—	—	—	—	—	—
λ_1	1.7905 **	2.7275 ***	3.0389 ***	4.3051 ***	3.9719 ***	8.7896 ***

续表

核心变量	外企			内资企业		
	后向溢出	前向溢出	逆向溢出	后向溢出	前向溢出	逆向溢出
λ_2	7.7520**	8.4963***	8.1530***	12.5941***	12.7588***	16.5732***
三门槛 λ_3	5.3526	4.7698	5.7820	6.0786	7.9496	2.8642
各门槛区间观察值占比						
$AC \leqslant \lambda_1$	11.27%	21.71%	25.30%	20.70%	18.31%	48.97%
$AC \in (\lambda_1, \lambda_2]$	52.31%	45.64%	40.29%	43.39%	46.30%	25.47%
$AC > \lambda_2$	36.42%	32.65%	34.41%	35.91%	35.39%	25.56%

注：**和***分别表示门槛值在 5%和 1%水平下显著。

表 3 - 3 为各年各门槛区间外企和内资企业观察值所占比例。1998 ~ 2013 年，区间 1 和区间 2 内涉农企业观察值占比显著增加，区间 3 内企业占比大幅下降，说明中国涉农企业整体吸收能力有所上升，但多数企业吸收能力水平仍位于中间区域。

表 3 - 3　1998 ~ 2013 年各门槛区间涉农企业观察值占比　　　　单位:%

溢出渠道	外企									内资企业								
	后向溢出			前向溢出			逆向溢出			后向溢出			前向溢出			逆向溢出		
区间	1	2	3	1	2	3	1	2	3	1	2	3	1	2	3	1	2	3
1998	13.3	50.7	36.0	24.2	42.7	33.1	27.6	37.6	34.8	21.4	35.4	43.1	19.4	38.0	42.6	44.0	22.0	33.9
1999	14.3	53.6	32.1	25.6	45.6	28.8	29.7	39.9	30.4	20.3	38.2	41.5	18.3	40.8	40.9	44.5	24.1	31.4
2000	12.7	53.5	33.8	24.5	45.0	30.5	28.2	39.7	32.0	19.8	39.5	40.6	17.8	42.1	40.1	44.8	24.6	30.6
2001	11.4	52.7	35.9	22.4	44.9	32.6	26.0	39.7	34.2	19.1	38.8	42.1	17.3	41.0	41.7	42.8	25.5	31.8
2002	12.6	50.2	37.1	23.4	43.3	33.3	27.1	37.8	35.0	21.5	39.2	39.3	19.3	41.9	38.8	46.0	25.0	28.9
2003	10.3	49.2	40.5	19.8	43.3	36.9	24.1	38.5	38.5	17.6	37.8	44.6	16.0	39.9	44.1	40.4	27.3	32.3
2004	7.0	44.0	49.0	14.1	41.2	44.7	16.9	36.3	46.9	14.5	37.1	48.4	12.9	39.3	47.8	36.0	28.2	35.8
2005	9.3	48.0	42.7	18.0	43.4	38.6	21.5	38.0	40.5	15.3	40.0	44.7	13.6	42.3	44.0	38.7	29.9	31.5
2006	9.0	47.5	43.5	17.4	43.9	38.7	20.7	38.2	41.1	13.6	41.7	44.7	11.9	44.0	44.1	37.8	31.4	30.8
2007	9.2	46.9	43.9	17.6	43.2	39.2	20.3	38.2	41.4	12.7	40.7	46.6	11.1	42.9	46.0	35.9	31.6	32.5

续表

溢出渠道	外企									内资企业								
	后向溢出			前向溢出			逆向溢出			后向溢出			前向溢出			逆向溢出		
2008	11.2	50.7	38.2	21.0	44.9	34.1	24.2	40.1	35.8	18.1	44.1	37.8	16.0	46.8	37.2	45.6	29.0	25.4
2009	12.0	50.2	37.8	21.8	44.2	34.0	24.5	39.8	35.7	19.9	43.2	36.9	17.6	46.1	36.3	46.0	28.8	25.3
2010	8.4	45.6	46.1	16.5	41.5	42.0	18.9	37.4	43.7	11.8	35.8	52.4	10.3	37.8	51.9	32.2	28.7	39.1
2011	13.5	67.0	19.5	27.8	55.8	16.4	32.9	49.3	17.9	28.8	59.0	12.2	25.3	63.0	11.8	72.2	22.0	5.8
2012	13.8	65.2	21.0	28.2	54.4	17.4	32.8	48.0	19.2	28.1	57.8	14.1	24.5	61.8	13.7	70.8	21.4	7.8
2013	17.6	70.0	12.5	34.2	55.7	10.1	40.1	48.7	11.1	37.9	53.1	8.9	33.0	58.4	8.6	80.3	15.0	4.7

注：区间 1：$AC \leqslant \lambda_1$；区间 2：$AC \in (\lambda_1, \lambda_2]$；区间 3：$AC > \lambda_2$。

二、企业吸收能力及 FDI 垂直溢出效应

（一）上下游 FDI 对涉农外商投资企业的溢出效应

对于外企，FDI 总后向溢出效应不显著，但区间 3 内涉农外企（36.42%）会受后向溢出效应的消极影响，对于区间 1 和区间 2 内的涉农外企（63.58%）后向溢出效应不显著。因为吸收能力较强（技术差距较小）的企业通常可以提供更高质量或更低价格的投入品，下游外企更喜欢选择它们作为供应商，从而使吸收能力较弱的企业面临一定的销售压力，导致 TFP 下降。

FDI 对涉农外企产生的总前向溢出效应同样不显著。对于区间 1 内的涉农外企（21.71%），FDI 前向溢出为正。同时，上游 FDI 还会对区间 3 中的涉农外企（32.65%）产生负向溢出效应。可能的解释是，上游外企提供的高质量投入提高了高吸收能力企业的 TFP，但是对于吸收能力较弱的企业，投入价格上涨带来的负面影响超过了高质量投入带来的收益，对这些企业来说，将复杂的投入品融入到生产中存在一定的难度。

下游 FDI 对涉农外企产生的总逆向溢出效应不显著，但其可以对区间 2 和区间 3 内的外企（74.7%）产生负逆向溢出效应，这可能是由于低吸收能力企业利用高技术含量投入的能力有限，投入品价格提高使企业生产成本增加，TFP 降低。

（二）上下游 FDI 对涉农内资企业的溢出效应

对于内资企业，总后向溢出效应显著为负，且对于各吸收能力水平的内资企业，后向溢出效应均为负，这归因于外企进入使附近区域的土地和劳动力等要素价格上涨，从而使其他企业的生产成本增加。虽然之前有一些研究发现下游外企对国内企业有积极的溢出效应，但这些研究通常没有控制企业内部研发投资等方面的异质性，本书对企业吸收能力及相关变量进行控制后，下游外企的负向影响就显现了出来。同时，由于涉农内资企业主要供应国内市场（总样本中 89% 的涉农内资企业出口密集度小于 50%），但很多外企更倾向于进口投入品，而非从本地购买，从而导致了有限的 FDI 后向溢出（Liang，2017）。与外商投资企业相比，虽然内资企业可以通过增加研发投入等来提高其吸收外部知识的能力，但它们可能没有足够的财力和人力资本使其免受土地劳动力价格上涨带来的负面影响，最终导致负的后向溢出效应，如表 3 - 4 所示。

表 3 - 4　FDI 溢出效应估计结果

因变量	外企 TFP			内资企业 TFP		
核心变量	后向溢出	前向溢出	逆向溢出	后向溢出	前向溢出	逆向溢出
lna	- 0.141	- 0.248 **	- 0.138	0.166 ***	0.149 ***	0.166 ***
	（- 1.11）	（- 2.40）	（- 1.28）	（5.44）	（5.74）	（4.92）
EX	0.249 ***	0.164 ***	0.215 ***	0.202 ***	0.134 ***	0.171 ***
	（5.29）	（3.62）	（3.96）	（5.40）	（4.45）	（4.50）
STATE	- 0.295 **	- 0.277 **	- 0.294 ***	- 0.599 ***	- 0.585 ***	- 0.622 ***
	（- 2.30）	（- 2.33）	（- 2.62）	（- 11.31）	（- 13.07）	（- 12.25）
lnSH^{CD}	- 0.709 ***	- 0.578 ***	- 0.695 ***	- 0.621 ***	- 0.342 **	- 0.345 **
	（- 2.93）	（- 2.87）	（- 3.32）	（- 4.05）	（- 2.58）	（- 2.30）
SCALE	0.283 ***	0.209 ***	0.229 ***	0.383 ***	0.327 ***	0.357 ***
	（5.69）	（4.81）	（5.38）	（11.47）	（11.18）	（10.51）
lnD	- 0.037 **	- 0.029 **	- 0.024 *	0.016	0.012	0.028 **
	（- 2.60）	（- 2.34）	（- 1.77）	（1.38）	（1.15）	（2.09）

续表

因变量	外企 TFP			内资企业 TFP		
核心变量	后向溢出	前向溢出	逆向溢出	后向溢出	前向溢出	逆向溢出
lnRD	0.011	0.024	0.018	− 0.034 *	− 0.020	− 0.025
	(0.55)	(1.31)	(0.86)	(− 1.91)	(− 1.43)	(− 1.64)
lnEDU	0.017	0.012	0.058 **	0.079 ***	0.067 ***	0.107 ***
	(0.58)	(0.55)	(2.57)	(3.24)	(3.29)	(4.58)
lnNEWP	0.006	0.006	0.006	0.004	0.011 ***	0.008 **
	(0.79)	(1.04)	(1.19)	(1.16)	(3.62)	(2.43)
$\widehat{\ln FDI}$	0.470 ***	0.553 ***	0.443 ***	—	—	—
	(2.88)	(4.30)	(3.50)	—	—	—
lnSH	− 4.692 ***	− 3.640 ***	− 3.133 **	− 0.689	0.633	1.312
	(− 3.58)	(− 3.15)	(− 2.54)	(− 0.75)	(0.79)	(1.32)
$lnSH^L$	2.695 ***	1.824 **	1.493	− 1.609 **	− 1.939 ***	− 2.748 ***
	(2.89)	(2.09)	(1.50)	(− 2.11)	(− 3.09)	(− 3.51)
$lnSH^{CF}$	− 8.587	− 7.244	− 4.396	6.790	8.790 **	13.01 ***
	(− 1.39)	(− 1.23)	(− 0.67)	(1.47)	(2.14)	(2.59)
lnSB	—	− 2.763	− 4.463	—	− 7.254 ***	− 8.897 ***
	—	(− 1.12)	(− 1.63)	—	(− 3.66)	(− 3.30)
lnSF	11.290	—	1.659	− 8.342	—	− 26.68 ***
	(1.08)	—	(0.15)	(− 1.06)	—	(− 2.99)
lnSSB	− 7.220	− 8.279	—	− 17.67 ***	− 19.89 ***	—
	(− 0.99)	(− 1.30)	—	(− 3.27)	(− 4.27)	—
门槛区间						
1	− 1.122	33.02 ***	− 9.120	− 5.592 **	20.71 ***	− 20.41 ***
	(− 0.39)	(3.27)	(− 1.26)	(− 2.47)	(2.80)	(− 3.40)
2	− 2.138	− 8.251	− 14.090 *	− 7.151 ***	− 22.14 ***	− 24.95 ***
	(− 0.75)	(− 0.80)	(− 1.93)	(− 3.18)	(− 3.23)	(− 4.12)
3	− 5.039 *	− 76.74 ***	− 24.71 ***	− 9.590 ***	− 72.18 ***	− 31.64 ***
	(− 1.74)	(− 5.51)	(− 3.30)	(− 4.18)	(− 9.38)	(− 5.16)
样本数	2624	2624	2624	6656	6656	6656
R^2	0.306	0.465	0.410	0.364	0.480	0.367
F	19.99	25.78	26.07	42.37	63.46	43.06

注：括号中为 t 值，*、** 和 *** 分别表示在 10%、5% 和 1% 水平下显著。门槛区间 1：$AC \leqslant \lambda_1$；门槛区间 2：$AC \in (\lambda_1, \lambda_2]$；门槛区间 3：$AC > \lambda_2$。

与外企结果类似，FDI 对涉农内资企业总的前向溢出效应不显著。区间 1 内涉农内资企业（18.31%）可以从正向溢出中获益，而区间 2 和区间 3 内的企业（81.69%）接收到的前向溢出为负。吸收能力较弱的涉农内资企业很难将上游外企提供的高质量、复杂的投入品融入其生产中。

除了不利于上游涉农内资企业 TFP 增长外，下游外企还会通过逆向溢出效应对下游涉农内资企业产生显著负影响，且对于各区间内资企业，逆向溢出效应均为负，吸收能力越弱受负向溢出的影响越大。这一方面是由于下游外企通常对上游供应商产品质量要求较高，从而造成投入品价格上涨，增加了下游涉农内资企业的生产成本；另一方面，正如 Lin 和 Saggi（2007）、Lorentzen 和 Mollgaard（2000）所证明的，一些外企与其供应商签订"排他性条款"也使下游国内企业难以从逆向溢出中获益。

总的来说，下游 FDI 对内资企业 TFP 增长有很强的抑制作用——总后向溢出与逆向溢出均显著为负。对于涉农外企和内资企业整体而言，下游 FDI 会阻碍其 TFP 增长。

三、稳健性检验

前文运用中国涉农企业平衡面板数据考察了上下游 FDI 对企业全要素生产率的溢出效应，下面我们将采用各 FDI 溢出变量滞后项对模型进行稳健性检验，如表 3-5 所示。同时对 FDI 溢出的滞后效应进行考察。

表 3-5　滞后期稳健性检验

因变量	外企 TFP			内资企业 TFP		
核心变量	后向溢出	前向溢出	逆向溢出	后向溢出	前向溢出	逆向溢出
lna	0.113 ***	0.093 ***	0.117 ***	0.083 ***	0.066 ***	0.076 ***
	(2.92)	(2.91)	(2.98)	(5.28)	(4.80)	(5.28)

因变量	外企 TFP			内资企业 TFP		
核心变量	后向溢出	前向溢出	逆向溢出	后向溢出	前向溢出	逆向溢出
EX	0. 223 ***	0. 160 ***	0. 208 ***	0. 248 ***	0. 193 ***	0. 234 ***
	(9. 36)	(7. 54)	(7. 97)	(9. 54)	(8. 67)	(9. 01)
STATE	− 0. 439 ***	− 0. 437 ***	− 0. 445 ***	− 0. 513 ***	− 0. 486 ***	− 0. 515 ***
	(− 3. 20)	(− 3. 58)	(− 3. 65)	(− 11. 84)	(− 13. 14)	(− 14. 10)
$\ln SH^{CD}$	− 0. 217 **	− 0. 219 **	− 0. 314 ***	− 0. 226 ***	− 0. 276 ***	− 0. 193 ***
	(− 2. 49)	(− 2. 45)	(− 3. 49)	(− 3. 31)	(− 4. 31)	(− 3. 25)
SCALE	0. 266 ***	0. 181 ***	0. 208 ***	0. 350 ***	0. 288 ***	0. 312 ***
	(6. 20)	(4. 92)	(5. 59)	(11. 48)	(11. 13)	(10. 19)
$\ln D$	− 0. 002	− 0. 001	− 0. 001	0. 003 **	0. 001	0. 003 *
	(− 0. 97)	(− 0. 28)	(− 0. 50)	(1. 97)	(0. 54)	(1. 87)
$\ln RD$	− 0. 008	− 0. 001	0. 001	− 0. 034 *	− 0. 027 *	− 0. 030 *
	(− 0. 53)	(− 0. 05)	(0. 06)	(− 1. 95)	(− 1. 95)	(− 1. 90)
$\ln EDU$	0. 030	0. 039 **	0. 059 ***	0. 062 **	0. 066 ***	0. 101 ***
	(1. 33)	(2. 13)	(2. 78)	(2. 43)	(2. 94)	(4. 25)
$\ln NEWP$	0. 009	0. 006	0. 008	0. 003	0. 010 ***	0. 008 **
	(1. 16)	(1. 02)	(1. 31)	(0. 89)	(3. 26)	(2. 44)
$\widehat{\ln FDI}$	0. 111 ***	0. 095 ***	0. 109 ***	—	—	—
	(2. 64)	(3. 23)	(2. 83)			
$\ln SH$	− 2. 353 ***	− 1. 928 ***	− 1. 797 **	− 0. 084	0. 324	0. 851
	(− 2. 97)	(− 2. 86)	(− 2. 60)	(− 0. 14)	(0. 58)	(1. 38)
$\ln SH^{L}$	1. 412 **	1. 053 **	0. 877	− 1. 034 **	− 0. 731	− 1. 272 ***
	(2. 34)	(2. 09)	(1. 62)	(− 2. 05)	(− 1. 64)	(− 2. 83)
$\ln SH^{CF}$	− 7. 703 **	− 7. 988 ***	− 4. 870	1. 000	1. 227	3. 979
	(− 2. 34)	(− 2. 80)	(− 1. 61)	(0. 38)	(0. 52)	(1. 57)
$\ln SB$	—	− 0. 014	− 3. 328 ***	—	− 1. 097 *	− 1. 376 **
	—	(− 0. 02)	(− 2. 90)		(− 1. 70)	(− 1. 98)
$\ln SF$	6. 142	—	− 2. 816	− 1. 348	—	− 8. 539 **
	(0. 87)	—	(− 0. 46)	(− 0. 27)		(− 1. 97)
$\ln SSB$	− 2. 027	4. 126	—	− 3. 596	− 3. 817 *	—
	(− 0. 54)	(1. 45)	—	(− 1. 45)	(− 1. 79)	—

因变量	外企 TFP			内资企业 TFP		
核心变量	后向溢出	前向溢出	逆向溢出	后向溢出	前向溢出	逆向溢出
门槛区间						
1	−1.979	39.78***	−3.051	0.079	26.26***	−2.265
	(−1.55)	(6.09)	(−0.91)	(0.10)	(5.36)	(−0.96)
2	−3.125**	7.370	−7.263**	−1.442*	−13.78***	−5.243**
	(−2.38)	(1.18)	(−2.12)	(−1.96)	(−3.17)	(−2.30)
3	−5.390***	−31.12***	−13.48***	−3.715***	−59.36***	−10.97***
	(−3.97)	(−4.80)	(−3.71)	(−4.89)	(−10.07)	(−4.58)
样本数	2460	2460	2460	6240	6240	6240
R^2	0.2963	0.4443	0.3537	0.3480	0.4679	0.3360
F	21.92	26.78	20.15	35.45	55.66	39.05

注：括号中为 t 值，*、** 和 *** 分别表示在 10%、5% 和 1% 水平下显著。门槛区间 1：$AC \leq \lambda_1$；门槛区间 2：$AC \in (\lambda_1, \lambda_2]$；门槛区间 3：$AC > \lambda_2$。

表 3-5 中的稳健性估计结果与前文一致。在门槛效应方面，各溢出渠道中门槛个数与前文一致。对于外商投资企业，不存在 FDI 溢出的滞后效应；对于内资企业，下游 FDI 对区间 1 内企业（高吸收能力）存在一阶滞后的负向溢出效应。总体上来看，吸收能力越强的企业接收到的正向溢出越大，负向溢出越小，再次验证了前文的结论。此外，本书还采用 O-P 法、L-P 法以及 WRDG 法计算得到的企业全要素生产率进行稳健性检验（见附表 9 至附表 11），估计结果与前文一致，说明本书的回归结果具有稳健性，即上下游 FDI 对中国涉农企业全要素生产率具有显著的溢出效应，且在各影响渠道中存在吸收能力门槛。

四、省内外 FDI 溢出效应

表 3-6 和表 3-7 分别展示了省内外 FDI 对涉农外企和内资企业的溢出效应结果，省略了其他控制变量的回归系数。Ponomareva（2000）提出由于省内外企业与本地企业接触机会更多，因此更易产生溢出效应，距离较近的国内企业先接

表3-6　省内外FDI溢出效应结果——外企

核心变量	省内FDI					省外FDI				
	示范效应	人员流动效应	竞争效应	后向溢出	前向溢出	示范效应	人员流动效应	竞争效应	后向溢出	前向溢出
λ_1	1.822***	3.447***	4.770***	5.379**	1.506**	2.142***	3.048***	2.434***	4.282*	2.368***
λ_2	6.608***	8.021***	8.363***	7.194**	4.894**	8.021***	8.496***	8.241***	8.021	8.496***
lnRSH	—	1.721	4.785***	6.644***	6.298***	3.831***	2.621*	7.613***	6.945***	4.590***
		(0.99)	(3.42)	(3.29)	(2.83)	(2.72)	(1.94)	(3.59)	(3.24)	(2.64)
lnRSH^L	-3.132***	—	-1.827***	-2.778***	-2.687***	-2.263***	-1.400*	-2.918***	-2.940***	-2.234***
	(-3.82)		(-2.99)	(-3.20)	(-2.66)	(-3.66)	(-2.29)	(-3.34)	(-3.21)	(-3.03)
lnRSH^CF	0.095	0.060	—	0.220	0.166	0.058	0.037	0.110	0.233*	0.104
	(0.72)	(0.44)		(1.60)	(1.21)	(0.49)	(0.28)	(0.75)	(1.74)	(0.85)
lnRSB	-0.539	-0.940	-0.824	—	-0.198	-0.108	-0.212	-1.024	-1.085	0.370
	(-0.48)	(-0.86)	(-0.77)		(-0.16)	(-0.13)	(-0.22)	(-0.83)	(-0.87)	(0.35)
lnRSF	-26.94***	-30.43***	-13.03**	-24.70***	—	-33.26***	-21.11***	-27.99***	-27.10***	-28.38***
	(-3.14)	(-3.50)	(-2.02)	(-2.69)		(-4.19)	(-2.84)	(-3.46)	(-2.90)	(-3.54)
lnNRSH	-3.029***	-1.288*	-1.787***	-3.143***	-3.319***	—	-2.003***	-3.142***	-3.335***	-2.529***
	(-4.39)	(-1.90)	(-2.67)	(-4.13)	(-4.34)		(-3.35)	(-4.32)	(-4.19)	(-4.17)
lnNRSH^L	0.742	0.002	0.624	1.077*	1.316**	0.592	—	1.328**	1.236**	0.865*
	(1.44)	(0.00)	(1.38)	(1.83)	(2.24)	(1.38)		(2.51)	(2.09)	(1.95)
lnNRSH^CF	-0.019	-0.021	-0.045	0.027	0.013	-0.004	0.004	—	0.025	0.011
	(-0.54)	(-0.56)	(-1.26)	(0.72)	(0.35)	(-0.14)	(0.11)		(0.66)	(0.35)

续表

核心变量	省内 FDI					省外 FDI				
	示范效应	人员流动效应	竞争效应	后向溢出	前向溢出	示范效应	人员流动效应	竞争效应	后向溢出	前向溢出
lnNRSB	0.154	-0.075	0.202	0.124	0.197	-0.187	0.018	0.257	—	-0.046
	(0.44)	(-0.18)	(0.58)	(0.34)	(0.53)	(-0.57)	(0.05)	(0.68)	—	(-0.14)
lnNRSF	-1.566	-10.87***	-5.103**	-2.499	-1.770	-4.587	-8.286***	-2.850	-2.502	—
	(-0.51)	(-3.38)	(-2.00)	(-0.75)	(-0.50)	(-1.64)	(-3.40)	(-0.81)	(-0.73)	—
门槛区间										
1	15.16***	2.606***	0.578***	0.345	40.79**	2.117***	2.348***	-0.202***	0.490	49.23***
	(8.53)	(3.35)	(3.02)	(0.33)	(2.51)	(3.36)	(5.08)	(-4.50)	(1.13)	(5.05)
2	7.294***	-1.717**	-1.048***	-5.075**	-7.292	-2.363***	-0.090	0.0178	-0.197	-7.802**
	(4.02)	(-2.12)	(-3.88)	(-2.41)	(-0.74)	(-4.18)	(-0.22)	(0.46)	(-0.40)	(-2.17)
3	-6.381**	-10.43***	-3.112***	-16.12***	-52.90***	-7.625***	-3.838***	0.477***	-3.543***	-96.75***
	(-2.53)	(-9.04)	(-7.09)	(-6.77)	(-4.70)	(-10.32)	(-7.10)	(6.52)	(-4.77)	(-8.16)
样本数	2624	2624	2624	2624	2624	2624	2624	2624	2624	2624
R^2	0.4018	0.4642	0.5150	0.3157	0.2947	0.5355	0.5560	0.3425	0.3213	0.5185
F	22.08	22.46	22.38	19.75	17.10	31.47	30.47	19.93	21.58	20.37

注：括号内数字为 t 值，*、** 和 *** 分别表示在 10%、5% 和 1% 水平下显著。门槛区间 1：$AC \leq \lambda_1$；门槛区间 2：$AC \in (\lambda_1, \lambda_2)$；门槛区间 3：$AC > \lambda_2$。

表3-7 省内外 FDI 溢出效应结果——内资企业

核心变量	省内 FDI					省外 FDI				
	示范效应	人员流动效应	竞争效应	后向溢出	前向溢出	示范效应	人员流动效应	竞争效应	后向溢出	前向溢出
λ_1	5.573***	4.305***	5.573***	3.894***	4.325***	3.381***	3.465***	4.875***	3.894***	4.305***
λ_2	16.320***	16.573***	12.488***	9.592***	16.320***	9.165***	9.165***	13.972***	11.967***	12.958***
lnRSH	—	3.030** (2.33)	3.381*** (2.76)	3.165** (2.47)	3.817*** (2.23)	3.033*** (2.45)	3.890*** (2.87)	2.838*** (2.17)	3.227** (2.48)	3.484*** (2.75)
lnRSH^L	-0.707 (-0.97)	—	-1.062 (-1.55)	-1.486* (-1.92)	-1.824** (-2.12)	-1.391* (-1.95)	-1.580** (-2.15)	-1.073 (-1.45)	-1.699** (-2.26)	-1.543** (-2.31)
lnRSH^{CF}	0.020 (0.29)	-0.041 (-0.59)	—	0.049 (0.69)	0.056 (0.76)	0.017 (0.29)	-0.063 (-1.07)	0.105 (1.41)	0.017 (0.24)	-0.005 (-0.07)
lnRSB	1.836** (2.01)	1.414 (1.48)	1.104 (1.18)	—	1.458 (1.34)	0.481 (0.81)	0.082 (0.13)	1.680* (1.73)	2.239** (2.31)	0.535 (0.59)
lnRSF	-4.071 (-0.74)	-9.558 (-1.51)	-3.877 (-0.53)	-0.821 (-0.14)	—	1.815 (0.22)	-3.946 (-0.40)	-2.442 (-0.37)	-3.453 (-0.60)	-5.082 (-0.74)
lnNRSH	-0.787* (-1.86)	-0.751* (-1.76)	-0.218 (-0.59)	-1.061** (-2.36)	-1.218*** (-2.79)	—	-0.370 (-0.95)	-0.835** (-2.13)	-1.232** (-2.85)	0.560 (1.44)
lnNRSH^L	-0.434 (-1.40)	-0.494* (-1.67)	-0.785*** (-2.59)	-0.725** (-2.18)	-0.810** (-2.04)	-0.373 (-1.28)	—	-0.724** (-2.27)	-0.695** (-2.08)	-0.878*** (-2.94)
lnNRSH^{CF}	0.010 (0.49)	-0.010 (-0.49)	0.007 (0.31)	0.021 (0.96)	0.017 (0.78)	0.009 (0.49)	-0.009 (-0.53)	—	0.011 (0.52)	0.008 (0.48)

续表

核心变量	省内 FDI					省外 FDI				
	示范效应	人员流动效应	竞争效应	后向溢出	前向溢出	示范效应	人员流动效应	竞争效应	后向溢出	前向溢出
lnNRSB	0.073	-0.296	0.371	0.283	0.197	0.382**	0.330*	0.261	—	0.115
	(0.28)	(-1.07)	(1.30)	(1.10)	(0.61)	(2.01)	(1.67)	(0.88)	—	(0.43)
lnNRSF	-1.204	-8.753***	-0.658	-0.825	-3.856	3.355	2.880	-1.969	-0.489	—
	(-0.43)	(-2.76)	(-0.26)	(-0.31)	(-1.07)	(1.29)	(1.05)	(-0.73)	(-0.18)	—
门槛区间										
1	11.84***	6.164***	0.692***	5.864***	59.64***	5.282***	3.151***	-0.091***	0.993***	25.46***
	(7.65)	(5.21)	(6.39)	(6.14)	(4.43)	(10.95)	(7.67)	(-3.54)	(3.45)	(4.08)
2	-2.239*	-3.036***	-0.262**	0.873	-38.08***	0.508	0.281	0.071***	-0.324	-22.28***
	(-1.73)	(-3.84)	(-2.36)	(0.83)	(-2.89)	(1.26)	(0.83)	(3.02)	(-1.11)	(-3.71)
3	-27.91***	-19.33***	-1.282***	-5.342***	-203.1***	-4.441***	-3.104***	0.283***	-2.335***	-97.16***
	(-9.38)	(-9.19)	(-8.01)	(-3.20)	(-5.26)	(-10.73)	(-8.41)	(6.12)	(-4.85)	(-11.41)
样本数	6656	6656	6656	6656	6656	6656	6656	6656	6656	6656
R²	0.4172	0.4457	0.4306	0.3295	0.3513	0.5295	0.5391	0.3386	0.3475	0.5081
F	41.57	42.92	39.63	34.30	34.66	68.28	63.30	31.20	34.54	51.80

注：括号内数字为 t 值，*，**和***分别表示在 10%、5% 和 1% 水平下显著。门槛区间 1：$AC \leq \lambda_1$；门槛区间 2：$AC \in (\lambda_1, \lambda_2]$；门槛区间 3：$AC > \lambda_2$。

收到溢出，再将溢出扩散到其他地区。本书研究结果显示，对于涉农外企，省内外 FDI 均对其有显著的示范效应，不同的是，省外 FDI 对涉农外企存在负向示范效应，且受企业吸收能力的调节，吸收能力强的涉农外企可以从省外 FDI 示范效应中获益；而省内 FDI 对涉农外企存在积极的溢出效应，吸收能力较强和中等的涉农外企都能够接收到正向的省内 FDI 示范效应，且其作用比省外 FDI 更大，说明表 3－4 中的负向示范效应主要来源于其他省的外企，好的吸收能力和较近的地理位置都有利于从外企获得正向的溢出，而提高吸收能力可以减少来自其他省份外企的负向示范效应。

省内 FDI 对涉农企业产生的人员流动效应为负，而省外 FDI 对涉农外企产生的总人员流动效应为正。吸收能力较强的涉农外企和内资企业可以通过吸引外企员工获得正向的溢出，其中，省内 FDI 带来的正向溢出更大，当一个员工离开外企到内资企业工作时，他很有可能会选择同一地区的企业，因此，吸收能力较高的企业更容易吸引到省内外企的员工，而省外员工的流入多是由于高工资或福利的吸引，这会在一定程度上增加企业的生产成本，从而使总的正向溢出减少。

除了示范效应和人员流动效应外，省内 FDI 还会对涉农外企产生显著的前向溢出。由于涉农外企倾向于进口投入品，提高了生产成本，因此，吸收能力较弱的涉农外企受前向溢出的消极影响较大。但省外 FDI 对其产生的负向影响较小，同时，省内外 FDI 对涉农内资企业的总前向溢出效应均不显著。对于吸收能力较强的涉农内资企业，省内上游外企对其产生的前向溢出较大，且显著为正，考虑到运输成本等的限制，内资企业通常会从当地购买投入品，而吸收能力较强的企业可以迅速将复杂的投入品融入到生产中，从而促进了企业 TFP 发展。

【结语】

本章利用中国涉农企业数据库，从产业间关联的角度考察了外商直接投资（FDI）对涉农企业 TFP 的溢出效应，同时考察了垂直溢出效应及其外部性，通过建立门槛模型对各渠道吸收能力的门槛值进行了测算，还比较了省内外 FDI 溢出效应的差异。结果表明，在 FDI 垂直溢出效应中存在企业吸收能力的双门槛，从总体来看，下游 FDI 对涉农企业 TFP 存在显著为负的后向溢出和逆向溢出；从各区间来看，吸收能力较强的企业更易从 FDI 垂直溢出中获益。另外，相比之下，省内 FDI 对涉农内资企业产生的溢出效应高于省外 FDI，即 FDI 对涉农企业的影响具有区域性特征。

第四章 FDI 对涉农企业 TFP 的影响路径：创新的中介作用

在第二章和第三章中，我们实证分析了外商直接投资对中国涉农企业全要素生产率的影响以及其中吸收能力的调节作用（Moderating Effect），结果表明 FDI 对涉农企业 TFP 的影响会受到吸收能力的干扰，且存在双门槛效应，即吸收能力处于不同水平的涉农企业受 FDI 的影响不同（见图 4-1）。本章将要考察在 FDI 对涉农企业 TFP 的影响中创新是否起到了中介作用（Mediating Effect），即 FDI 是否可以通过影响企业创新进而对企业 TFP 产生影响（见图 4-2）。

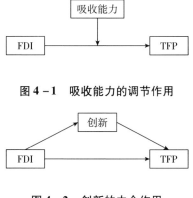

图 4-1 吸收能力的调节作用

图 4-2 创新的中介作用

创新的概念最早是由熊彼特在 1912 年出版的《经济发展概论》中提出的：创新是指在经济生活领域以一种不同的方式做事。但有学者指出不可能以一种完全不同的方式做事（Hansen 和 Wakonen，1997）。Marquis（1969）也指出企业创新对于企业而言是新的，而不是对于整个经济体而言是新的。Crossan 和 Apaydin（2010）认为，企业创新是企业在特定经济和社会环境中识别或生产、消化、吸收和利用有价值的新知识的过程。在国家层面，Furman 等（2002）提出国家创新能力是一个国家长期生产和商业化创新技术的能力，其取决于一个国家创新基础设施的完善程度，优势产业的创新环境以及这两个因素之间的相互联系。

现有研究中关于创新的衡量指标主要有专利、新产品产值、研发投入和创新绩效。还有一些研究使用"生产率"作为衡量技术创新的指标，虽有滞后，但创新的确会带来生产率的增长，然而，不能把生产率的所有变化都归因于创新，生产规模等也可能会影响生产率（Filippetti 等，2017）。而"专利"的数据较好获得、可信度高且能在国家间进行比较，因此，越来越多的研究使用专利作为创新的衡量指标（张治河等，2014）。本章采用专利申请数和新产品产值作为衡量涉农企业自主创新的指标。

Griliches（1979）提出研发投入、专利数和生产率之间存在相互依赖性，后来许多学者从国家、地区和企业层面研究了创新与 TFP 的关系，发现两者之间存在积极且显著的相关关系（Harhoff，1998；Laura 等，2006；Mairesse 和 Sassenou，1991）。但是，鲜有研究考察 FDI 溢出、创新和全要素生产率三者之间的关系，FDI 一方面可以通过促进企业创新提高 TFP，另一方面也可以通过国内企业对外企的模仿或资源的重新分配对 TFP 产生溢出。因此，本章通过在 CDM 模型[①]中引入 FDI 溢出变量，考察了从外资进入到企业创新决策、创新投入、创新产出和 TFP 变化的整个过程，并对创新在 FDI 对 TFP 溢出中所起的中介作用进行分析。

---

① 由 Crépon、Duguet 和 Mairesse（1998）提出，通过建立结构方程模型考察了企业创新决策、创新投入、创新产出和生产率之间的关系。

第一节 创新中介效应的理论分析

一、FDI 溢出效应

外商直接投资被认为是促进经济增长和提高社会福利的重要因素。它通过多种溢出渠道，包括示范效应、人员流动效应、竞争效应以及前向溢出、后向溢出、逆向溢出，影响着东道国本地企业的创新活动，最终影响企业 TFP。如表 4 – 1 所示。

表 4 – 1 外商投资的溢出渠道

溢出	渠道	技术溢出特点
水平溢出	示范效应	向同行业外企模仿，学习相关技术，或 对同行业外企产生技术依赖
	人员流动效应	外企→员工流动→本国企业，或 本地市场→员工流动→外企
	竞争效应	外企竞争压力→激励本地企业创新，或 外企抢占市场份额→将本地企业挤出市场
垂直溢出	前向溢出	上游外企→高质量投入品→下游本地企业产出增加，或 上游外企→高价格投入品→下游本地企业生产成本增加
	后向溢出	下游外企→高质量要求→激励上游本地企业创新，或 下游外企→进口投入品→上游本地企业产品销售面临压力
	逆向溢出	下游外企→激励上游本地企业创新→高质量投入品→下游本地企业，或 下游外企→激励上游本地企业创新→高质量投入品→吸引企业进入下游行业→下游本地企业面临压力

资料来源：笔者自行整理。

（一）示范效应

国内企业通过对同行业外企进行模仿来学习相关技术，这种溢出被称为示范效应（Wang 等，1992），同时，市场上产品的不断升级容易使国内企业放弃自主创新，转向技术引进，从而对外企产生技术依赖，降低自身的创新能力（胡春力，2006；谢玲红等，2016）。中国农业外企多为大型跨国公司，包括 ABCD 四大粮商（即 ADM、邦吉、嘉吉、路易达孚）、正大集团、先锋公司、久保田等，这些公司都有着先进的农业技术，可以对国内企业起到较好的示范作用。但中国国内涉农企业多为技术水平较低的中小规模企业，国内外涉农企业间技术差距相对较大，且这些跨国公司通常都有着非常完善的知识产权保护体系，国内涉农企业难以在短期内通过模仿获取新技术。

（二）人员流动效应

Fosfuri 等（2001）认为外企通过对其本地员工进行培训，将知识和技能转移给他们，而国内企业会试图从外企挖掘人才，以间接获取新知识，从而产生正向的人员流动效应。另外，外企工资通常高于同行业国内企业，因而吸引了很多国内优秀员工，这可能会对国内企业产生不利影响（Sinani 等，2004）。

（三）竞争效应

行业中外企的增加会给国内同行业企业带来竞争压力，在促使一些企业提高自身生产率的同时，也会将部分企业挤出市场（Aitken 和 Harrison，1999）。

（四）前向溢出

上游外企可以通过提供高质量投入和先进设备对下游企业产生正向溢出（Markusen 等，1999），然而，高质量投入通常伴随着高价格，且外企产品可能不太适合国内企业的需求，从而也可能产生负的前向溢出效应（Schoors 等，2007）。

（五）后向溢出

下游外企通常对投入品要求较高，可以激励上游企业提高生产率，此外，下游外企也可能直接向其供应商提供设备、技术、人员培训和管理方面的支持（Lall，1980），从而产生正的后向溢出效应。但也有研究表明，外企更倾向于进口投入品，下游外企的增加导致国内企业销售减少，产生负向溢出（Stančík，2009）。

（六）逆向溢出

如果下游外企帮助其供应商提高了技术水平，其他下游企业就可以通过购买高质量投入获益。为了构建高效供应链，下游外企可能会有意地向其供应商转移技术，同时，外企也可能为多个上游企业提供技术支持，甚至鼓励它们分享知识，以避免依赖于单一供应商，从而增加了其他下游企业获益的机会。另外，由于上游企业能够提供更高质量或更低价格的投入品，吸引了更多企业进入下游市场，从而加剧下游行业的竞争（Blalock 等，2008），对下游企业产生负向影响。

中国涉农企业数量多、规模小，因此，上下游外企服务于更多的中小涉农企业，从而使前向和后向溢出更加容易产生。国内中小规模企业之间的联系必然比大规模企业的联系更加复杂，这也使逆向溢出效应更加容易形成。

基于以上分析，本章提出如下研究假说：

H4 - 1：同行业以及上下游行业 FDI 会对国内涉农企业产生显著的溢出效应，且各溢出渠道的影响不同。

二、创新与生产率

在实际经济环境中，企业之间的技术差距是普遍存在的，为了减少这种差距，企业会从事研发活动，雇用熟练工人或引入先进设备（Becheikh 等，2006）。Baumann 和 Kritikos（2016）提出当国内企业面临外企带来的竞争压力时，为了在这样的竞争环境中保持盈利，必须不断提高生产率，而增加企业创新是一种风险较大但很有效的方式。Griffith 等（2003）发现企业生产率增长的三个来源分别为：由研发引起的创新、技术转让和吸收能力。Schumpeter（1934）发现创新对企业绩效有积极的影响，因为其带来了技术的不断发展从而提高了企业活力。Fazlıoglu 等（2019）对土耳其制造业的研究表明，任何形式的创新均对企业全要素生产率存在积极影响。Duguet（2006）对法国制造业的研究发现，只有突破性创新①可以促进企业 TFP 提高。Griliches（1979）通过构建知识生产函数，提出 R&D 投入可以增加企业知识存量，从而引发创新，最终通过提高全要素生产率来增加企业产出，但同时企业也会承担研发投入无法产生正回报的风险。相反，Taveira 等（2019）认为创新对巴西工业企业全要素生产率和利润均没有显著影响。此外，在有关创新与中国企业生产率的研究中，张启龙（2019）发现自主创新可以推动制造业企业生产效率的提升。而在农业领域，技术创新也发挥着越来越重要的作用，2005～2019 年，中国农业科技进步贡献率由48%增长至59.2%，农业企业自主创新的增加必然会对企业 TFP 产生显著影响。因此，基于假说 H4 - 1，本章进一步提出如下研究假说：

H4 - 2：在 FDI 对国内涉农企业 TFP 溢出中存在创新的中介效应。

第二节　创新中介效应的检验

在早期研究中，检验中介效应时最广泛运用的方法是逐步法（Causal Steps Approach）（Baron 和 Kenny，1986）。但之后逐步法受到越来越多的质疑（Edwards 和 Lambert，2007；Hayes，2009；Spencer 等，2005），一些研究开始改用 Bootstrap 法直接检验系数乘积的显著性（Zhao 等，2010）。

系数乘积的检验（即检验 H_0：ab =0）是中介效应检验的核心，目前主要有

---

① 又名根本性创新（Radical Innovation），指产品对于企业和市场来说都是新的或存在技术性突破。Duguet（2006）提到的另一种创新为渐进式创新（Incremental Innovation），指对现有产品或工艺的改进。

以下几种方法：依次检验法、Sobel 法、乘积分布法、Bootstrap 法和马尔科夫链蒙特卡洛（MCMC）法。其中，模拟研究发现，用依次检验来检验 H_0：ab = 0，第一类错误率较低（温忠麟等，2004）。而 Sobel 法的检验力高于依次检验，但其假设系数乘积服从正态分布，该假设要求较严苛，因此，Sobel 检验存在一定的局限性（Fritz 和 MacKinnon，2007）。乘积分布法放宽了对系数乘积分布的假设。Bootstrap 法通过从样本中重复取样来进行检验，其检验力高于 Sobel 检验，而偏差校正后的非参数百分位 Bootstrap 法检验力更强（Edwards 和 Lambert，2007）。马尔科夫链蒙特卡洛（MCMC）法是根据高维概率分布进行的系统随机采样，与能够从分布中提取独立样本的蒙特卡洛采样法不同，马尔科夫链蒙特卡洛法中下一个样本的提取依赖于现有样本，这使该算法可以减少分布中近似值的数量，即便其中存在大量的随机变量（方杰和张敏强，2012）。上述几种方法中，偏差校正的 Bootstrap 法和 MCMC 法比 Sobel 法有更高的检验力，但由于难以得到MCMC 法的先验分布，多数方法学文章都只推荐 Bootstrap 法（MacKinnon 等，2004），到目前为止，Bootstrap 法是公认的代替 Sobel 法来检验系数乘积的较好的方法。

Crepon 等（1998）提出了一种结构方程模型，用于估计扩展后的知识生产函数，被称为 CDM 模型。该模型通过分析创新的各个阶段进一步完善了 Griliches（1979）的研究，考虑了创新投入、创新产出和生产率之间的相互依赖性，总结了企业从研发投入决策到将创新产出应用于生产中的过程，并对模型中存在的选择性偏差和内生性问题进行了修正，为评估研发对创新的影响以及创新对生产率的影响提供了一种实证方法，被广泛运用于创新和生产率的研究中（Conte和 Vivarelli，2014；Griffith 等，2006；Janz 等，2003；Lööf 和 Heshmati，2002；Parisi 等，2006）。各研究中 R&D 对创新的影响强度不同，但一致的发现是，研发强度越高的企业越可能成为创新者，尽管一些从事研发的企业并没有产生创新成果（这表明研发投资有风险），而一些没有研发预算的企业也具有一定的创新能力。此外，这些研究发现，只有在使用虚拟变量表示企业创新时，才能观察到产品创新对劳动生产率的显著正向影响，而工艺创新对生产率的影响通常不显著或为负。Peters 等（2013）使用德国制造业的面板数据进行研究发现，R&D 投资增加了企业产品或工艺创新的可能性，并且企业可以在当年没有进行 R&D 投资的情况下产生创新成果。Hall 等（2009）首次考察了中小企业研发、创新与生产率之间的关系，他们发现企业规模与研发强度负相关，研发强度对中小企业产品或工艺创新能力有很大的正向影响，而只有产品创新对中小企业的劳动生产率有积极影响。

一些早期研究采用渐进最小二乘法（Benavente，2006；Crepon 等，1998）或三阶段最小二乘法（Lööf 等，2006）来估计 CDM 模型。但近年来，大多研究都采用 Griffith 等（2006）提出的序贯法进行估计，该方法将各阶段因变量的估计值引入下一阶段作为工具变量（Beneki 等，2012；Parisi 等，2006）。因此，本书基于 CDM 模型，并借鉴 Khachoo 等（2018）的做法，将 FDI 引入模型，采用序贯法进行估计。企业创新投入可以产生创新产出，最终使企业 TFP 得到提高。由于外企的进入改变了国内市场的资源分配及平衡，因此，企业创新投入、产出和 TFP 都会受到 FDI 溢出效应的影响。

此外，大多采用 CDM 模型的研究都将研发支出作为衡量创新投入的指标，忽略了其固有的局限性，即没有将隐性知识①纳入分析，这对创新过程至关重要（Arundel 等，1998）。此外，企业有时会出于战略原因宣称其不进行研发（Hunter 等，2012），或拒绝报告研发费用（Koh 等，2015）。因此，采用研发支出作为衡量创新投入的指标可能会导致测量误差或遗漏解释变量的问题，从而使估计结果不一致。为了解决该问题，本书引入职工教育支出变量衡量涉农企业创新投入，考虑了员工知识水平提高对创新产出的影响，并与研发支出的估计结果进行

---

① 根据知识能否清晰地表述和有效地转移，可以把知识分为显性知识（Explicit Knowledge）和隐性知识（Tacit Knowledge），此处隐性知识指员工自身所携带的知识。

比较。同时，本书用企业专利申请数表示创新产出，分别考察了外观设计、发明与实用新型三种专利对涉农企业全要素生产率的影响。

一、创新投入方程

模型的第一部分描述了企业的创新投入行为，包括企业决定是否投入创新的过程以及投资的多少。只有当企业决定投入创新之后才可以观察到创新投资的强度，因此，第一组方程描述了企业的创新投入决策：

$$RD_{ijt} = \begin{cases} 1 & if \quad RD_{ijt}^* = a_0 + a_1 ln\widehat{FDI}_{jt} + a_2 X_{ijt} + \varepsilon_{it} > c \\ 0 & if \quad RD_{ijt}^* = a_0 + a_1 ln\widehat{FDI}_{jt} + a_2 X_{ijt} + \varepsilon_{it} \leqslant c \end{cases} \quad (4-1)$$

$$ED_{ijt} = \begin{cases} 1 & if \quad ED_{ijt}^* = b_0 + b_1 ln\widehat{FDI}_{jt} + b_2 X_{ijt} + e_{it} > C \\ 0 & if \quad ED_{ijt}^* = b_0 + b_1 ln\widehat{FDI}_{jt} + b_2 X_{ijt} + e_{it} \leqslant C \end{cases} \quad (4-2)$$

其中，RD_{ijt} 和 ED_{ijt} 均为可观测的指示函数，i 表示企业，j 表示企业所属行业，t 表示年份，若企业研发/职工教育支出为正，则取值为 1，反之，取值为 0。c 和 C 均为正的恒定门槛值，RD_{ijt}^* 和 ED_{ijt}^* 表示企业是否进行研发/职工教育培训的决策标准，例如：研发/职工教育投资的预期回报（Crepon 等，1998）。$\widehat{FDI}_{jt}$ 包含第四章提到的 6 个 FDI 溢出变量（SH_{jt}、SH_{jt}^L、SH_{jt}^{CF}、SB_{jt}、SF_{jt}、SSB_{jt}），以外资产业准入政策指数为工具变量得到的预测值，X_{ijt} 是一组控制变量，包括企业年龄（a_{ijt}），是否参与出口（EX_{ijt}），企业所有制（是否国有，$STATE_{ijt}$），市场竞争程度（赫芬达尔指数，SH_{jt}^{CD}），地方知识产权保护强度（IPP_{ijt}，专利侵权累计结案数/专利侵权累计案件数），企业规模（$SCALE_{ijt}$），各变量定义与第四章相同。ε_{it} 和 e_{it} 为随机误差项。

当 $RD_{ijt} = 1$ 或 $ED_{ijt} = 1$ 时，我们对以下创新投入方程进行估计：

$$lnRDI_{ijt} = \gamma_0 + \gamma_1 ln\widehat{FDI}_{jt} + \gamma_2 X_{ijt} + \mu_{it}, \ if \ RD_{ijt} = 1 \quad (4-3)$$

$$lnEDI_{ijt} = \delta_0 + \delta_1 ln\widehat{FDI}_{jt} + \delta_2 X_{ijt} + \nu_{it}, \ if \ ED_{ijt} = 1 \quad (4-4)$$

其中，RDI_{ijt} 和 EDI_{ijt} 分别表示 t 年企业 i 的研发投入和职工教育投入，用研究开发费和职工教育费表示，并用创新投入价格指数（INPI，计算方法见下文）进行平减。X_{ijt} 与式（4-1）中含义相同，μ_{it} 和 ν_{it} 为随机误差项。参考邓进（2007）的做法，本书将创新投入价格指数设定为固定资产投资价格指数、原材料购进价格指数和消费物价指数的加权平均值，计算方法如下：

$$INPI_{rt} = c_t \times IPI_{rt} + c_t \times MPI_t + (1 - 2\,c_t) \times CPI_{rt} \qquad (4-5)$$

其中，INPI、IPI、MPI 和 CPI 分别表示创新投入价格指数、固定资产投资价格指数、原材料购进价格指数和消费物价指数，r 表示省份，t 表示年份，其中西藏固定资产投资价格指数数据缺失，用商品零售价格指数代替（付婷婷和杨斌，2011）。c_t 为农业研发固定资产投资比例 = 农业研发仪器设备支出/农业研发经费内部支出。由于缺乏农业原材料支出的统计资料，根据邓进（2007），本书设定原材料支出所占权重和固定资产投资支出相当。

二、创新产出方程

企业进行研发或职工教育之后，经过一段时间（如果存在滞后的话），创新投入会产生创新成果，可能是工艺创新或产品创新，本书使用企业专利申请数衡量创新产出，建立模型如下：

$$P_{ijt} = \varphi_0 + \varphi_1 \ln \widehat{FDI}_{jt} + \varphi_2 \ln \widehat{INI}_{ijt} + \varphi_3 \ln a_{ijt} + \varphi_4 EX_{ijt} + \varphi_5 STATE_{ijt} + \varphi_6 \ln SH_{jt}^{CD} +$$
$$\varphi_7 \ln IPP_{ijt} + \epsilon_{it} \qquad (4-6)$$

其中，P_{ijt} 为 t 年 i 企业的专利申请数，分为外观设计专利、发明专利与实用新型专利，表示创新产出。$\widehat{INI}_{ijt}$ 表示创新投入，分别用研究开发费（RDI_{ijt}）和职工教育费（EDI_{ijt}）表示。ϵ_{it} 为随机误差项。

三、生产率方程

研发投入和职工教育投入是企业创新产出的重要来源，而企业进行产品或工艺创新的最终目的是促进其全要素生产率提升。CDM 模型中的最后一个方程描述了企业创新活动对生产率的影响，具体形式如下所示：

$$\ln TFP_{ijt} = \omega_0 + \omega_1 \ln \widehat{FDI}_{jt} + \omega_2 \hat{P}_{ijt} + \omega_3 \ln a_{ijt} + \omega_4 EX_{ijt} + \omega_5 STATE_{ijt} + \omega_6 \ln D_{jt} + \xi_{it}$$

$$(4-7)$$

其中，TFP_{ijt} 是 t 年企业 i 全要素生产率的对数值，使用 ACF 法进行计算。D_{jt} 表示来自下游行业的需求，由国家统计局投入产出表计算得到，用来控制价格变化对企业全要素生产率的影响。ξ_{it} 为随机误差项。

由于创新投入较密集的企业通常创新产出更多，创新产出反过来也会促使企业增加创新投入，创新产出与企业全要素生产率之间也存在类似的关系。为了解决模型中的内生性问题，本书在式（4-6）和式（4-7）中引入创新投入、产出的预测值而非观察值，该方法还进一步将分析范围扩大至所有企业，而不仅是报告了创新产出的企业。

第三节　数据来源、描述统计与分布特征

一、数据来源

本章使用数据主要来源于两个数据库：

第一个数据库，根据本章中所列行业代码，从工业企业数据库筛选出的涉农企业数据，包括企业较全面的基本情况、财务情况和生产销售情况等信息。

第二个数据库，由于工业企业数据库不包括企业专利数据，本章使用的企业

专利数据来自于 Chinese Patent Data Project① 公开的将中国国家知识产权局专利数据库② 与中国工业企业数据库进行匹配得到的专利数据库，该项目主要成员包括 Zi – Lin He（荷兰蒂尔堡大学）、Tony W. Tong（普渡大学）、Yuchen Zhang（杜兰大学）和 Wenlong He（对外经济贸易大学）。但该数据库只包括 1998 ~ 2009 年的中国工业企业专利数据，因此，本书根据项目公布的匹配方法将剩余年份国家知识产权局专利数据库与之前得到的涉农企业数据库进行了匹配，具体匹配方法如下：

第一步，提取专利数据。去掉个人申请的专利以及公司地址不在中国。

第二步，补全工业企业数据库中的企业名称和识别号信息。对于丢失了识别号的企业，我们在之前版本的数据库中搜索该企业名称，将其识别号用于该企业，如果该企业名称在过去多年的数据库中都存在并且识别号不同的话，使用离缺失年份最近一年的识别号。同理，企业名称的补全也用这种方法，对于同一企业在不同年份名称有差别的情况（例如：海信集团和海信集团有限公司），不需对其进行整合，因为他们的缩写名称是一样的，均为海信。

第三步，对专利受让企业名称和工业企业数据库企业名称进行预处理。①去掉所有非字母、字符或数字的符号和标点符号。②我们把所有全角字母和数字转换成半角字母和数字。③将汉语数字转换成阿拉伯数字。④删除表示公司形式的词汇（股份有限责任公司、股份有限公司、有限责任公司、独立行政法人、有限总公司、有限分公司、总公司、分公司、董事会、集团、有限公司、有限责任、株式会社、公司、股份、企业、工厂、厂）来获得公司缩写名称。

第四步，将专利受让企业与工业企业数据库企业进行匹配。使用第三步中得到的公司缩写名称来进行匹配，从左往右，每个字都严格对照一致。但是专利受让企业名称不一定要与该年的工业企业数据库企业名称对照，它只要能够在样本

---

① 资料来源：https：//sites. google. com/site/sipopdb/home/sipo – – asie。

② 资料来源：http：//nvsm. cnki. net/kns/brief/result. aspx？ dbprefix = SCOD。

期间任一年与该企业缩写名称完全吻合即可。

第五步，进行人工检查。①当专利受让者名称中有大学、学院、学校、中学、小学等词汇时，不需进行人工检查，直接将其识别为错误匹配，因为其不是企业。②当企业名称模糊、语义模糊时，也识别为错误匹配，不需手动检查。③当工业企业数据库企业和专利受让企业具有相同的全名，或者从左边开始严格从属于它时，将其标记为正确匹配，无须手动检查。④对于有相同缩写名称的企业，当其缩写名等于或多于 3 个字时，将其标记为正确匹配，当少于 3 个字时，需进行人工检查，对于缩写名称不同的企业，均需要进行人工检查。

由于本章研究对象为内资涉农企业，因此，在各变量计算完成后，将内资企业筛选出来，最终得到了来自 95813 家涉农企业 351874 条观测值构成的非平衡面板数据库。

二、描述统计与分布特征

按照行业大类，我们对存在创新行为的国内涉农企业创新投入、产出和全要素生产率均值进行了统计。如表 4 - 2 所示，涉农企业研发投入总样本平均值为 2.531，高于总体平均值的行业有肥料制造、农药制造、兽用药品、农业机械（设备、仪器仪表）制造及修理、饲料加工业，而研发投入较低的行业包括木材竹材采运及加工、林产化学品、皮革毛皮羽毛加工、谷物磨制等技术含量较低的行业。总体来说，平均研发投入最多的行业为肥料制造业（11.331），最少的行业为木材竹材采运及加工业（0.248），前者是后者的近 46 倍。

表 4 - 2　涉农企业创新投入、产出、全要素生产率行业平均值

行业	样本数	研发支出	职工教育支出	专利申请数	TFP
兽用药品	1576；P > 0，84	6.827 *	0.177	0.146 *	3.293
农药制造	3363；P > 0，214	6.904 *	0.266 *	0.143 *	3.451 *

续表

行业	样本数	研发支出	职工教育支出	专利申请数	TFP
农业机械（设备、仪器仪表）制造及修理	4654；P > 0，342	3.497 *	0.312 *	0.187 *	3.259
棉麻毛丝绢纺织及印染	41605；P > 0，326	1.586	0.245	0.060 *	3.560 *
茶加工	1887；P > 0，49	1.579	0.172	0.058 *	2.952
肥料制造	7760；P > 0，175	11.331 *	0.538 *	0.050	3.675 *
饲料加工	7490；P > 0，69	3.150 *	0.145	0.028	3.082
农副食品加工	24081；P > 0，341	1.202	0.247 *	0.034	3.371
皮革毛皮羽毛加工	2817；P > 0，15	0.685	0.184	0.030	3.245
林产化学品	1159；P > 0，14	0.550	0.098	0.025	2.892
谷物磨制	8163；P > 0，91	0.984	0.113	0.029	2.948
木材竹材采运及加工	2473；P > 0，27	0.248	0.140	0.029	3.000
合计	107028；P > 0，1747	2.531	0.245	0.056	3.386

注：表中 TFP 为全要素生产率对数值，P 为专利申请数。* 表示行业平均值高于总体平均值。

职工教育投入总样本平均值为 0.245，肥料制造、农业机械（设备、仪器仪表）制造及修理、农药制造业平均职工教育投入远高于总体平均水平，农副食品加工业和棉麻毛丝绢纺织及印染业平均职工教育投入与总体平均水平相近，而林产化学品、谷物磨制业职工教育投入远低于总体平均值。其中，平均职工教育投入最多的行业为肥料制造业（0.538），该值是林产化学品业平均职工教育投入（0.098）的 5.5 倍。

样本期内企业总体平均专利申请数为 0.056，意味着每年有大量参与创新活动的涉农企业专利产出为 0。平均专利申请数较高的行业有农业机械（设备、仪器仪表）制造及修理、兽用药品和农药制造，棉麻毛丝绢纺织及印染和茶加工业平均专利申请数略高于总体平均水平。其中，平均专利申请数最多的行业为农业机械（设备、仪器仪表）制造及修理业（0.187），而林产化学品业平均专利申请数为 0.025。

全要素生产率总体平均水平为 3.386，肥料制造、棉麻毛丝绢纺织及印染和农药制造业平均全要素生产率高于总体平均水平，而林产化学品、谷物磨制和茶加工业平均全要素生产率较低。肥料制造业平均全要素生产率为 3.675，是林产化学品业平均全要素生产率的 1.3 倍。

通过以上分析可以发现，通常创新投入水平较高的行业，其创新产出或全要素生产率平均水平也较高，如肥料制造、农药制造、兽用药品和农业机械（设备、仪器仪表）制造及修理业，而谷物磨制、林产化学品等创新投入较少的行业，其创新产出或全要素生产率较低。这表明在行业层面上，创新投入、创新产出和企业 TFP 之间存在着明显的联系，创新投入水平高的行业不仅专利产出更多，其 TFP 也更高。

第四节　创新中介效应实证结果与讨论

一、CDM 模型结果

本书采用 Stata15 的 gsem 命令对 CDM 模型方程组进行估计，其中创新决策和创新投入方程采用 Heckman 两步法进行回归分析，创新产出方程采用泊松回归进行分析，企业生产率方程采用两阶段最小二乘估计进行分析。

（一）创新决策方程和创新投入方程回归分析结果

从表 4-3 可以看到，在分别使用研发支出和职工教育支出作为创新投入的衡量指标时，某些变量估计系数发生了改变，这说明引入职工教育支出变量是有必要的，可以减少由于测量误差引起的内生性问题。第（1）列、第（3）列创新决策方程估计结果显示，FDI 对涉农企业创新投入决策存在正向示范效应、后向溢出、逆向溢出以及负向竞争效应，即同行外企的示范作用以及下游 FDI 的增加可以促使企业进行创新投入。而人员流动效应与前向溢出对研发支出和职工教育支出决策的影响方向相反，人员流动以及上游 FDI 的增加会使涉农企业减少研发投入的可能性，而更倾向于进行职工教育投入。此外，市场集中度与知识产权保护强度提高也会促使企业进行创新投入，与非国有企业相比，国有企业参与创新活动的可能性较小。

表 4 - 3　创新决策与创新投入方程估计结果

因变量	(1) RD 是否有研发支出	(2) lnRDI 研发支出	(3) ED 是否有职工教育支出	(4) lnEDI 职工教育支出
$\widehat{\ln SH}$ 示范效应	3.891*** (17.81)	1.758*** (3.53)	3.126*** (21.59)	-0.679*** (-12.96)
$\widehat{\ln SH}^L$ 人员流动效应	-1.492*** (-7.62)	-0.148 (-0.33)	0.247* (1.92)	0.933*** (19.72)
$\widehat{\ln SH}^{CF}$ 竞争效应	-5.998*** (-4.88)	-4.550 (-1.62)	-14.910*** (-18.98)	-6.384*** (-22.05)
$\widehat{\ln SB}$ 后向溢出	7.986*** (13.97)	7.948*** (5.76)	7.390*** (20.72)	1.856*** (13.99)
$\widehat{\ln SF}$ 前向溢出	-8.552*** (-4.54)	-4.807 (-1.09)	20.580*** (16.83)	9.128*** (20.14)
$\widehat{\ln SSB}$ 逆向溢出	23.440*** (13.48)	21.890*** (5.22)	22.690*** (20.81)	6.602*** (16.30)
lna 企业年龄	0.008 (1.07)	-0.101*** (-5.60)	0.069*** (14.57)	-0.016*** (-9.22)
EX 是否出口	0.382*** (30.38)	0.398*** (14.50)	0.360*** (41.64)	0.100*** (33.74)
STATE 是否国有	-0.104*** (-7.83)	0.181*** (6.17)	-0.143*** (-16.69)	0.124*** (39.51)
lnSH^{CD} 市场集中度	1.953*** (26.65)	1.223*** (7.43)	2.087*** (40.32)	0.317*** (17.66)

续表

因变量	（1）RD 是否有研发支出	（2）lnRDI 研发支出	（3）ED 是否有职工教育支出	（4）lnEDI 职工教育支出
lnIPP 知识产权保护强度	0.674*** (9.71)	−0.073 (−0.44)	1.532*** (34.52)	0.289*** (16.45)
SCALE 企业规模	0.318*** (40.27)	0.683*** (37.89)	0.241*** (48.05)	0.124*** (66.98)
样本数	351874	20093	351874	103000

注：括号内数字为 t 值，*、**和***分别表示在10%、5%和1%水平下显著。

另外，第（2）列、第（4）列创新投入方程估计结果显示，FDI 对涉农企业研发与职工教育投入均存在正的后向溢出和逆向溢出，即下游 FDI 的增加可以促使企业提高创新投入水平。而同行外企的示范效应会使参与创新活动的企业增加研发投入，减少职工教育投入。与外企之间的人员流动以及上游 FDI 增加会促使企业增加职工教育投入，对研发投入无显著影响，相反，外企带来的竞争压力会减少企业职工教育投入。此外，参与创新活动的国有企业创新投入水平通常高于非国有企业，市场竞争加剧也会使企业创新投入增加，而知识产权保护强度只对企业职工教育投入有显著正向影响。

（二）创新产出方程回归分析结果

表4-4为创新产出方程估计结果，可以发现，创新投入对创新产出存在显著的正向影响，职工教育投入产生的正向影响大于研发投入。下游 FDI 的增加不仅可以促使企业增加创新投入，也可以促进企业创新产出的增加，其对发明专利与实用新型专利申请数的促进作用较大，对外观设计专利的影响较小。而人员流动效应虽激励企业增加了职工教育投入，但其对创新产出有显著的负向直接影响，相反，外企的示范效应可以促进企业创新产出的增加。当分别采用研发支出与职工教育支出衡量创新投入时，同行业 FDI 的竞争效应与上游 FDI 的前向溢出存在显著的差别。此外，市场集中度有助于提高涉农企业创新产出增加，而知识

产权保护强度提高可以使企业实用新型专利产出增加，外观专利产出减少。

表 4-4　创新产出方程估计结果

创新投入指标	研发支出			职工教育支出		
因变量	（1）DP 外观设计	（2）IP 发明专利	（3）UP 实用新型	（4）DP 外观设计	（5）IP 发明专利	（6）UP 实用新型
$\ln\widehat{SH}$ 示范效应	9.039*** (9.73)	12.380*** (8.71)	16.500*** (13.06)	16.370*** (16.48)	21.690*** (14.12)	24.040*** (18.01)
$\ln\widehat{SH}^L$ 人员流动效应	-3.652*** (-4.30)	-4.334*** (-3.23)	-12.140*** (-9.97)	-10.510*** (-11.20)	-13.030*** (-8.39)	-19.190*** (-14.04)
$\ln\widehat{SH}^{CF}$ 竞争效应	-17.910*** (-3.80)	-55.960*** (-6.10)	5.189 (0.79)	29.030*** (5.21)	3.591 (0.32)	53.450*** (6.55)
$\ln\widehat{SB}$ 后向溢出	16.090*** (7.96)	41.380*** (8.39)	49.440*** (13.11)	13.040*** (6.26)	37.520*** (7.42)	46.310*** (11.94)
$\ln\widehat{SF}$ 前向溢出	95.850*** (13.01)	-5.901 (-0.47)	27.240*** (2.95)	28.730*** (3.42)	-91.050*** (-6.31)	-41.750*** (-3.87)
$\ln\widehat{SSB}$ 逆向溢出	36.990*** (5.93)	123.000*** (8.44)	111.400*** (10.05)	17.660*** (2.66)	98.490*** (6.39)	91.540*** (7.77)
$\ln\widehat{RDI}$ 创新投入预测值	1.334*** (28.68)	1.693*** (21.34)	1.372*** (19.12)	7.353*** (28.68)	9.328*** (21.34)	7.558*** (19.12)
lna 企业年龄	-0.284*** (-9.80)	-0.516*** (-8.40)	-0.720*** (-14.20)	-0.298*** (-10.36)	-0.535*** (-8.77)	-0.735*** (-14.61)
EX 是否出口	1.094*** (20.43)	0.677*** (6.67)	0.954*** (11.15)	0.886*** (15.10)	0.414*** (3.72)	0.741*** (7.87)
STATE 是否国有	-0.150** (-2.52)	0.468*** (5.55)	0.608*** (8.20)	-0.823*** (-11.90)	-0.385*** (-3.52)	-0.083 (-0.89)
$\ln SH^{CD}$ 市场集中度	5.742*** (25.65)	5.868*** (12.06)	8.082*** (20.18)	5.041*** (21.45)	4.979*** (9.74)	7.362*** (17.47)
lnIPP 知识产权保护强度	-4.245*** (-15.46)	0.832* (1.89)	4.643*** (9.50)	-6.367*** (-22.73)	-1.860*** (-4.11)	2.461*** (4.97)
样本数	351874	351874	351874	351874	351874	351874

注：括号内数字为 t 值，*、**和***分别表示在 10%、5%和 1%水平下显著。

（三）生产率方程回归分析结果

表4-5为生产率方程估计结果。首先，从第（1）列、第（3）列估计结果可以看到，在第一阶段采用研发支出或职工教育支出衡量创新投入得到的生产率方程估计结果一致。总专利申请数对涉农企业全要素生产率存在积极影响，而在三种类型专利中，只有发明专利可以促进企业全要素生产率提高，技术含量较低的外观设计专利和实用新型专利对企业 TFP 存在负向影响，这与 Taveira 等（2019）的研究一致，他们认为企业专注于非技术创新会挤占其技术开发投入。

表4-5　生产率方程估计结果

创新投入指标	研发支出		职工教育支出	
因变量	（1）lnTFP - ACF	（2）lnTFP - OP	（3）lnTFP - ACF	（4）lnTFP - OP
$\widehat{\ln SH}$ 示范效应	- 2.912 *** （- 36.05）	- 5.517 *** （- 43.19）	- 2.912 *** （- 36.05）	- 5.517 *** （- 43.19）
$\widehat{\ln SH}^L$ 人员流动效应	- 13.610 *** （- 122.06）	- 6.226 *** （- 35.32）	- 13.610 *** （- 122.06）	- 6.226 *** （- 35.32）
$\widehat{\ln SH}^{CF}$ 竞争效应	168.800 *** （176.33）	119.500 *** （78.93）	189.600 *** （181.65）	134.300 *** （81.40）
$\widehat{\ln SB}$ 后向溢出	- 50.040 *** （- 162.02）	- 38.130 *** （- 78.08）	- 50.040 *** （- 162.02）	- 38.130 *** （- 78.08）
$\widehat{\ln SF}$ 前向溢出	162.300 *** （148.44）	101.600 *** （58.80）	181.700 *** （158.25）	115.500 *** （63.63）
$\widehat{\ln SSB}$ 逆向溢出	- 212.400 *** （- 193.45）	- 160.900 *** （- 92.69）	- 212.400 *** （- 193.45）	- 160.900 *** （- 92.69）
$\widehat{DP}$ 外观设计专利数	- 1.315 *** （- 166.40）	- 0.938 *** （- 75.06）	- 1.315 *** （- 166.40）	- 0.938 *** （- 75.06）
$\widehat{IP}$ 发明专利数	3.287 *** （231.50）	2.348 *** （104.58）	3.287 *** （231.50）	2.348 *** （104.58）
$\widehat{UP}$ 实用新型专利数	- 1.723 *** （- 199.30）	- 1.231 *** （- 90.07）	- 1.723 *** （- 199.30）	- 1.231 *** （- 90.07）

续表

创新投入指标	研发支出		职工教育支出	
因变量	（1）lnTFP - ACF	（2）lnTFP - OP	（3）lnTFP - ACF	（4）lnTFP - OP
lna 企业年龄	0.399*** (120.62)	0.162*** (30.97)	0.399*** (120.62)	0.162*** (30.97)
EX 是否出口	0.715*** (100.97)	0.197*** (17.63)	0.715*** (100.97)	0.197*** (17.63)
STATE 是否国有	-1.430*** (-220.28)	-0.590*** (-57.47)	-1.287*** (-208.65)	-0.488*** (-50.01)
lnD 需求	0.035*** (25.71)	0.011*** (5.12)	0.035*** (25.71)	0.011*** (5.12)
样本数	351874	351874	351874	351874

注：括号内数字为 t 值，*、**和***分别表示在 10%、5% 和 1% 水平下显著。

其次，FDI 对涉农企业全要素生产率存在负向示范效应和人员流动效应，说明国内企业难以通过对外企的简单模仿获得技术溢出，且其人才吸引力较弱，同时，下游 FDI 的增加也会对企业全要素生产率产生负向溢出。相反，同行业外企带来的竞争效应以及上游 FDI 增加均可以促进企业全要素生产率提高。此外，参与出口也能够对涉农企业全要素生产率产生积极影响，而国有企业 TFP 通常低于非国有企业。

最后，对比表 4 - 5 第（1）列、第（2）列以及第（3）列、第（4）列可以看到，采用 O - P 法计算 TFP 得到的生产率方程估计结果与采用 ACF 法的结果一致。上述分析表明，同行业以及上下游 FDI 均对中国涉农企业创新投入、创新产出以及全要素生产率存在显著的溢出效应，且各溢出渠道影响不同，验证了假说 H4 - 1。

（四）创新中介效应分析

在得到 CDM 模型各方程估计结果后，本书根据各变量估计系数对创新的中介效应进行计算。一方面，根据创新投入与创新产出方程计算 FDI 对创新产出的

·95·

总溢出效应 a（a = a₁ × a₂ + a₃），如图 4 - 3 所示，FDI 包括 6 种 FDI 溢出渠道，创新投入分别用研发支出与职工教育支出衡量，创新产出包括外观设计（DP）、发明（IP）与实用新型（UP）三种专利申请数。另一方面，根据生产率方程估计系数计算 FDI 对企业全要素生产率的间接影响 a×b 以及总效应 a×b + c，若间接影响与直接影响方向一致，则中介效应 = 间接影响 ÷ 总效应 × 100%，若间接影响与直接影响方向相反，则负向中介效应（遮掩效应）= 间接影响 ÷ 直接影响 × 100%。计算结果如表 4 - 6 所示。

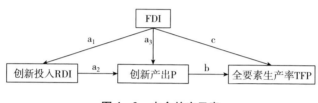

图 4 - 3　中介效应示意

从表 4 - 6 可以看到，在 FDI 对涉农企业的各溢出效应中，创新都起到了一定的中介作用，验证了假说 H4 - 2。首先，在水平溢出方面，在 FDI 示范效应对涉农企业全要素生产率的影响中，外观设计专利与实用新型专利产生的间接影响均为负，且远大于 FDI 对 TFP 的直接影响，而发明专利可以在 FDI 对企业 TFP 的示范效应中起到很强的遮掩作用，其产生的正向间接影响为负向直接影响的17.35 倍，从而减弱了示范效应对企业 TFP 的消极影响。在 FDI 人员流动效应中，实用新型专利起到了较强的遮掩作用，由于人员流失使企业实用新型专利产出减少，从而对 TFP 产生了积极的间接影响。此外，外企的竞争效应会使涉农企业发明专利产出减少，从而对 TFP 产生较大的负向间接影响，总间接影响占直接影响的95.0%。

其次，在垂直溢出方面，后向溢出中发明专利起到了较强的遮掩作用，其产生的正向间接影响为负向直接影响的3.6 倍，创新产出的总间接影响为正，占

表 4 - 6　创新中介效应计算结果

创新投入指标	研发支出					职工教育支出				
影响路径	间接影响	总间接影响	直接影响	总效应	中介效应	间接影响	总间接影响	直接影响	总效应	中介效应
示范效应 - DP - TFP	-14.97					-14.96				
示范效应 - IP - TFP	50.48	2.92	-2.91	0.01	-100.3%	50.48	2.94	-2.91	0.02	-100.8%
示范效应 - UP - TFP	-32.59					-32.58				
人员流动效应 - DP - TFP	4.80					4.80				
人员流动效应 - IP - TFP	-14.25	11.47	-13.61	-2.14	-84.3%	-14.22	11.49	-13.61	-2.12	-84.4%
人员流动效应 - UP - TFP	20.92					20.91				
竞争效应 - DP - TFP	23.55					23.55				
竞争效应 - IP - TFP	-183.94	-160.39	168.80	8.41	-95.0%	-195.74	-181.15	189.60	8.45	-95.5%
竞争效应 - UP - TFP	—					-8.96				
后向溢出 - DP - TFP	-35.10					-35.09				
后向溢出 - IP - TFP	180.25	41.17	-50.04	-8.87	-82.3%	180.24	41.18	-50.04	-8.86	-82.3%
后向溢出 - UP - TFP	-103.97					-103.96				
前向溢出 - DP - TFP	-126.04					-126.04				
前向溢出 - IP - TFP	—	-172.98	162.30	-10.68	-106.6%	-19.41	-192.38	181.70	-10.68	-105.9%
前向溢出 - UP - TFP	-46.93					-46.93				
逆向溢出 - DP - TFP	-87.04					-87.06				
逆向溢出 - IP - TFP	526.12	195.39	-212.40	-17.01	-92.0%	526.16	195.40	-212.40	-17.00	-92.0%
逆向溢出 - UP - TFP	-243.69					-243.70				

FDI 后向直接溢出的 82.3%。而在前向溢出中，创新产出的间接影响为负，为直接影响的 1.06 倍，其中通过外观专利产生的负向间接影响最大。

最后，在逆向溢出方面，创新产出起到的中介作用占直接影响的 92.0%，通过发明专利产生的正向间接影响最强，为直接影响的 2.7 倍，极大削弱了负向溢出对企业全要素生产率的消极影响。

通过以上分析可以发现，在 FDI 对企业全要素生产率的溢出中，发明专利起到的中介作用较强，可以减少示范效应、人员流动效应、后向溢出以及逆向溢出对企业全要素生产率的消极影响。而竞争效应与前向溢出会使企业创新产出减少，从而对全要素生产率产生较强的负向间接影响。

二、异质性分析：外企形式

现有研究表明，不同形式外企对国内企业的溢出效应存在差异（Liang，2017）。跨国公司通过在东道国建立合资或独资企业进行直接投资，选择合资形式通常是为了更好地适应本地市场（Belderbos 等，2001），因此，合资企业主要从本地购买投入，而独资企业更倾向于进口投入品。Javorcik（2004）研究表明，拉脱维亚超过 50% 的合资企业都从本地购买投入品，而只有 9% 的独资企业这样做。同样，独资企业多为出口导向型，而上游合资企业主要供应本地市场。此外，由于中外合资企业中往往有更多的中国员工等要素，且中方有一定的决策权，因此，同行业的合资企业更有可能与国内企业产生接触（Crespo 等，2007）。国内资本占比大使跨国公司防止技术泄露和控制人员流动的难度加大（Takii，2005），从而更易产生水平溢出效应。

基于以上分析，下文将进一步分析不同形式外企对国内涉农企业溢出效应的差异。为了比较外商独资企业和中外合资企业溢出效应的不同，本书分别针对两种形式外企建立各自的 FDI 溢出变量。例如：外商独资企业后向溢出计算方法为：

$$WSB_{jt} = \sum_{j \ne k} \left\{ \alpha_{jkt} \times \left[\sum_{i=1}^{n_{kw}} (WO_{ikt} \times Sales_{ikt}) / TS_{kt} \right] \right\} \tag{4-8}$$

其中，α_{jkt} 为 t 年行业 j 出售给行业 k 的产出占行业 j 总产出的比重，WO_{ikt} 表示外商独资的虚拟变量，若外企 i 是外商独资企业，则 WO 取 1，反之取 0。n_{kw} 表示行业 k 中的外商独资企业数，$Sales_{ikt}$ 表示 t 年企业 – ik 的销售额，TS_{kt} 表示 t 年行业 k 所有企业销售总额。中外合资企业后向溢出（JSB_{jt}）以及其他溢出途径（WSH、JSH、WSH^L、JSH^L、WSH^{CF}、JSH^{CF}、WSF、JSF）的计算方法与此类似。例如，中外合资企业后向溢出计算方法为：

$$JSB_{jt} = \sum_{j \ne k} \left\{ \alpha_{jkt} \times \left[\sum_{i=1}^{n_{kv}} (JV_{ikt} \times Sales_{ikt}) / TS_{kt} \right] \right\} \tag{4-9}$$

其中，JV_{ikt} 是表示中外合资的虚拟变量，若外企 i 是中外合资企业，则 JV 取 1，反之取 0。n_{kv} 表示行业 k 中的中外合资企业数。

不同形式外企溢出效应的估计结果如表 4 – 7 所示，表 4 – 7 中创新投入采用职工教育支出衡量，省略了控制变量的估计结果，其结果与表 4 – 3 至表 4 – 5 一致。从表 4 – 7 中可以发现，外商独资企业通过示范效应促进了国内涉农企业发明专利和实用新型专利产出增加，而中外合资企业对国内涉农企业外观设计专利与发明专利产出存在正向示范作用，两者对企业全要素生产率均存在负向示范效应，由于外商独资企业通常对技术、知识保护力度更强，因此，其产生的负向示范效应更大。人员流动效应虽对企业创新产出存在负向影响，但可以直接促进企业 TFP 提升，且合资企业带来的正向人员流动效应更强。此外，竞争效应可以激励企业增加创新产出，但对其全要素生产率存在负向直接影响，独资企业的负向竞争效应高于合资企业。

在垂直溢出方面，由于外企更倾向于进口投入品，因此，下游 FDI 在减少国内涉农企业创新产出的同时，还会对其全要素生产率产生负向溢出效应，且外商独资企业对国内涉农企业 TFP 产生的负向影响高于中外合资企业。此外，外商独资企业与中外合资企业产生的前向溢出效应方向相反，由于外商独资企业产品质

表4-7 不同类型外企 CDM 模型估计结果

因变量	(1) ED 是否有创新投入	(2) lnEDI 创新投入	(3) DP 外观设计专利	(4) IP 发明专利	(5) UP 实用新型专利	(6) lnTFP 全要素生产率
$\ln\widehat{WSH}$ 示范效应（独）	1.027***	0.034	-8.519***	20.210***	7.510***	-37.920***
	(6.50)	(0.59)	(-8.64)	(13.57)	(5.51)	(-98.82)
$\ln\widehat{WSH}^{L}$ 人员流动效应（独）	-0.871***	-0.491***	0.274	-6.037***	-3.987**	7.572***
	(-3.60)	(-5.61)	(0.19)	(-2.67)	(-2.15)	(47.74)
$\ln\widehat{WSH}^{CF}$ 竞争效应（独）	-0.465***	0.278***	-8.858***	6.065***	6.617***	-12.480***
	(-4.88)	(7.85)	(-15.06)	(7.07)	(8.77)	(-91.72)
$\ln\widehat{WSB}$ 后向溢出（独）	-1.137***	0.034	-8.443***	-2.876**	-1.805	-0.621***
	(-14.22)	(1.06)	(-10.54)	(-2.22)	(-1.61)	(-10.71)
$\ln\widehat{WSF}$ 前向溢出（独）	20.110***	3.664***	224.900***	-122.800***	111.100***	527.200***
	(18.44)	(9.18)	(36.06)	(-9.43)	(10.64)	(83.12)
$\ln\widehat{JSH}$ 示范效应（合）	5.087***	-0.331***	17.650***	15.450***	-4.012***	-18.380***
	(30.85)	(-5.48)	(19.75)	(10.02)	(-2.87)	(-97.23)
$\ln\widehat{JSH}^{L}$ 人员流动效应（合）	-0.885***	0.610***	-7.128***	-16.380***	-11.180***	10.770***
	(-7.70)	(14.27)	(-11.25)	(-14.34)	(-10.51)	(117.27)
$\ln\widehat{JSH}^{CF}$ 竞争效应（合）	0.952***	-0.190***	1.119**	13.820***	13.830***	-10.840***
	(12.49)	(-6.88)	(2.32)	(18.68)	(24.51)	(-174.51)
$\ln\widehat{JSB}$ 后向溢出（合）	1.265***	0.319***	-3.823***	-7.276***	-9.609***	-0.463***
	(11.99)	(7.58)	(-4.73)	(-5.20)	(-8.67)	(-5.72)
$\ln\widehat{JSF}$ 前向溢出（合）	17.710***	6.728***	-228.700***	-59.080**	-131.000***	-240.100***
	(8.40)	(8.92)	(-16.37)	(-2.38)	(-6.18)	(-71.09)
$\ln\widehat{EDI}$ 创新投入	—	—	6.576***	9.792***	6.798***	—
	—	—	(34.20)	(34.85)	(25.06)	—
$\widehat{DP}$ 外观设计专利	—	—	—	—	—	-0.808***
	—	—	—	—	—	(-74.50)
$\widehat{IP}$ 发明专利	—	—	—	—	—	1.919***
	—	—	—	—	—	(113.11)
$\widehat{UP}$ 实用新型专利	—	—	—	—	—	-1.049***
	—	—	—	—	—	(-74.49)
样本数	351874	103000	351874	351874	351874	351874

注：括号内数字为 t 值，*、**和***分别表示在10%、5%和1%水平下显著。

量和技术含量更高，因此，向其购买投入不仅可以使企业外观设计和实用新型专利产出增加，而且可以促进企业全要素生产率的提高，而上游合资企业的增加会使投入品价格上涨，同时其产品技术含量较低，因而使国内涉农企业创新产出与 TFP 下降。

在得到模型估计结果后，本书根据各变量系数对创新的中介效应进行了计算，结果如表 4 - 8 所示。从中可以看到，企业创新在各 FDI 溢出渠道中都起到了较强的遮掩作用，即间接影响与直接影响的方向相反。与中外合资企业相比，外商独资企业的水平溢出（示范效应、人员流动效应、竞争效应）中，创新起到的中介作用较强，削弱了负向示范效应和竞争效应对国内涉农企业 TFP 的影响。相比之下，在中外合资企业的垂直溢出效应（前向溢出和后向溢出）中，创新起到了较强的中介作用，减少了上下游合资企业对涉农企业 TFP 的消极影响。

【结语】

本章利用中国涉农企业的非平衡面板数据，考察了外商直接投资（FDI）对国内企业创新和全要素生产率的影响。本书将 FDI 溢出分解为 6 个渠道，并建立 CDM 模型，考察了 FDI 溢出中创新的中介作用。结果表明，FDI 对涉农企业创新和全要素生产率的溢出效应不完全相同，且创新在 FDI 对 TFP 的溢出中起到了较强的遮掩作用，降低了负向溢出对企业 TFP 的影响。由于外企对知识、技术的保护意识较强，减少了国内企业通过模仿学习新技术的机会，从而对企业 TFP 产生负向示范效应；同时，国内企业对人才的吸引力较弱，在与外企的人才竞争中处于劣势，因此受到负向人员流动效应的影响。上游 FDI 可以促进国内涉农企业全要素生产率提升，而下游 FDI 可以对国内涉农企业 TFP 产生负向溢出；此外，外企带来的竞争压力可以促进企业 TFP 进步。最后，上游 FDI 的正向溢出主要来自于外商独资企业而非合资企业。

表4-8 不同类型外企创新中介效应计算结果

外企类型	外商独资企业					中外合资企业				
影响路径	间接影响	总间接影响	直接影响	总效应	中介效应	间接影响	总间接影响	直接影响	总效应	中介效应
示范效应-DP-TFP	6.88					-12.50				
示范效应-IP-TFP	38.78	37.79	-37.92	-0.13	-99.7%	23.43	17.50	-18.38	-0.88	-95.2%
示范效应-UP-TFP	-7.88					6.57				
人员流动效应-DP-TFP	2.61					2.52				
人员流动效应-IP-TFP	-20.81	-10.52	7.57	-2.95	-138.9%	-19.97	-10.07	10.77	0.70	-93.5%
人员流动效应-UP-TFP	7.68					7.38				
竞争效应-DP-TFP	5.68					0.11				
竞争效应-IP-TFP	16.86	13.62	-12.48	1.14	-109.1%	22.95	9.90	-10.84	-0.94	-91.4%
竞争效应-UP-TFP	-8.92					-13.15				
后向溢出-DP-TFP	6.82					1.39				
后向溢出-IP-TFP	-5.52	1.30	-0.62	0.68	-209.8%	-7.97	1.23	-0.46	0.77	-265.8%
后向溢出-UP-TFP	—					7.81				
前向溢出-DP-TFP	-201.19					149.04				
前向溢出-IP-TFP	-166.80	-510.66	527.20	16.54	-96.9%	13.05	251.53	-240.10	11.43	-104.8%
前向溢出-UP-TFP	-142.67					89.44				

第五章　FDI 对中国涉农企业 TFP 影响的区域差异

自改革开放以来，中国经济经历了快速的增长，但是，由于不同地区的资源禀赋和政策存在差异，因此各地的经济增长表现出较大的异质性。本章使用中国国家统计局所采用的分区代码，将中国各省合并为六个区域：华北地区、东北地区、华东地区、中南地区、西南地区和西北地区。图 5 – 1 列出了 2002 ~ 2018 年各地区人均收入年增长率，由于 2013 年前农村居民收支数据来源于独立开展的农村住户抽样调查，2013 年及以后数据来源于城乡一体化住户收支与生活状况调查，与 2013 年前的分城镇和农村住户调查的调查范围、调查方法、指标口径有所不同，因此，本书分别计算 2013 年前后各地区居民人均可支配收入年均增长率。从图中可以看到，2002 ~ 2012 年西南地区的人均收入年增长率低于其他地区，东北地区年均增长率最高。然而，2013 ~ 2018 年，西南地区成为人均收入年增长率最高的地区，东北地区最低。

在农业方面，如图 5 – 2 所示，改革开放到 21 世纪以前，东北地区和西南地区农业 GDP 年均增长率较低，华东地区年均增长率最高，而自进入 21 世纪以来，在各地区中，西南地区和东北地区农业 GDP 年均增长率上升至第二和第三位，华东地区年均增长率位于最末。那么，是哪些因素造成了不同地区 GDP 增

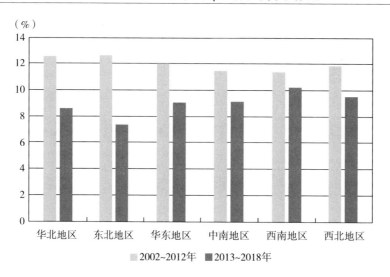

图 5 - 1　2002 ~ 2018 年各地区居民人均可支配收入年均增长率

资料来源：国家统计局。

长率的差异？基础经济状况、政府的优惠政策和自然资源禀赋是影响地区经济增长的一些因素，但技术进步的差异在解释地区间增长率差异方面起着至关重要的作用。而企业中外资的引入不仅会对自身全要素生产率产生重大影响，还会对同行业以及上下游行业中的企业产生溢出效应。

本章将重点关注 FDI 技术溢出在各个地区之间的差异，这些不同的溢出效应如何影响各地区涉农企业的全要素生产率增长以及哪些因素导致了这些差异。此外，检验各地区涉农企业 TFP 如何受来自区域内外溢出效应的影响以及发达地区是否比欠发达地区更多地受益于区域内或区域外溢出效应。采用中国国家统计局的分区标准，将中国各省划分为六个区域①，考察六种 FDI 溢出效应的影响，并在不同区域之间进行比较，最后评估区域内产生的溢出效应和从其他区域转移过

---

①　六大区域划分：华北地区：北京、天津、山西、河北和内蒙古；东北地区：黑龙江、吉林和辽宁；华东地区：上海、江苏、浙江、安徽、江西、山东和福建；中南地区：河南、湖北、湖南、广东、广西和海南；西南地区：重庆、四川、贵州、云南和西藏；西北地区：陕西、甘肃、青海、宁夏和新疆。

来的溢出效应强度。

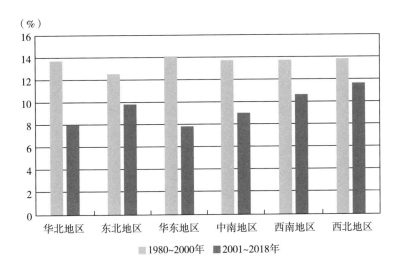

图 5 - 2　1980 ~ 2018 年各地区农业生产总值年均增长率

资料来源：国家统计局。

第一节　FDI 溢出效应区域差异的检验

一、模型构建

为了检验各区域 FDI 溢出效应的差异，本章采用中国涉农企业的非平衡面板数据进行回归，模型设定如下：

$$\ln TFP_{ijt} = C + \beta_1 \ln FDI1_{ijt} + \beta_2 \ln SH_{jt} + \beta_3 \ln SH_{jt}^L + \beta_4 \ln SH_{jt}^{CF} +$$

$$\beta_5 \ln SB_{jt} + \beta_6 \ln SF_{jt} + \beta_7 \ln SSB_{jt} + \varphi X_{ijt} + e_{ijt} \tag{5-1}$$

其中，i、j、t 分别表示企业、四位码行业和年份，TFP_{ijt} 是 t 年行业 j 中企业 i 的全要素生产率，FDI1 表示企业 FDI 存量，使用滞后期行业 j 接受的 FDI 存量作为 FDI1 的工具变量，得到其预测值（$\widehat{FDI}$）。SH、SH^{L}、SH^{CF}、SB、SF 和 SSB 分别表示 FDI 示范效应、人员流动效应、竞争效应、后向溢出、前向溢出和逆向溢出，仍然使用第四章中得到的外资产业准入政策指数，来衡量政府对各行业外资引进的鼓励程度，作为 FDI 溢出的工具变量进行稳健估计。X_{ijt} 是一组控制变量，包括：企业年龄（a）、企业是否出口（EX）、企业是否国有（STATE）、内资企业赫芬达尔指数（SH^{CD}）、企业规模（SCALE）、研发支出（RD）、职工教育支出（EDU）、新产品产值（NEWP）和下游行业对 j 行业的需求（D）。e_{ijt} 为随机扰动项。

为了考察六大地区区域内外 FDI 溢出效应的差异，本书分别计算了来自本地区和其他地区的示范效应、竞争效应、人员流动效应以及前后向溢出。例如，区域内示范效应的计算方法如下：

$$IRSH_{jrt} = \sum_{i=1}^{n_{jrt}} (\rho_i \times Sales_{ijt}) \Big/ \sum_{i=1}^{N_j} Sales_{ijt} \qquad (5-2)$$

其中，n_{jrt} 为 t 年地区 r 行业 j 中的外企数，N_j 为 t 年行业 j 中的企业总数，ρ_i 是企业 i 外商资本占总资本的比重，$Sales_{ijt}$ 表示 t 年行业 j 中 i 企业的销售额，$IRSH_{jrt}$ 即行业 j 中省内外企销售额占全国企业总销售额的比重。

二、数据说明

式（5-1）中 TFP 采用 ACF 法计算得到，FDI 存量由永续盘存法计算得到，各 FDI 溢出变量计算方法同第四章，涉农企业数据来自于中国工业企业数据库。与第四章全国总体估计不同，本章使用涉农企业的非平衡面板数据，共包括来自 105531 家涉农外企和内资企业的 406544 条观测值，各变量的描述性统计结果如表 5-1 所示。

表 5 - 1　变量描述性统计

变量	观察值数	均值	标准差	最小值	最大值
lnTFP	406544	3.233	0.954	0.574	5.582
lna	406544	2.031	0.890	0.000	6.693
EX	406544	0.165	0.372	0.000	1.000
STATE	406544	0.142	0.349	0.000	1.000
lnSH^{CD}	406544	0.023	0.049	0.001	0.693
SCALE	406544	1.648	0.553	1.000	3.000
lnD	406544	8.437	7.827	0.000	18.631
lnRD	406544	0.069	0.420	0.000	10.171
lnEDU	406544	0.050	0.185	0.000	5.610
lnNEWP	406544	0.680	2.493	0.000	17.112
lnFDI1	406544	1.270	3.295	0.000	15.870
lnSH	406544	0.110	0.076	0.000	0.660
lnSH^{L}	406544	0.184	0.110	0.000	0.646
lnSH^{CF}	406544	0.098	0.123	0.000	0.693
lnSB	406544	0.079	0.153	0.000	1.019
lnSF	406544	0.008	0.020	0.000	0.159
lnSSB	406544	0.020	0.057	0.000	0.319

如表 5 - 2 所示，样本中超过 50% 的涉农企业位于华东地区，企业 TFP 较高的地区为东北地区和华东地区。从表 5 - 3 可以看到，在所有六个地区中，棉麻毛丝绢纺织及印染业的企业数量最多，其次是农副食品加工业，主要集中在华东地区和中南地区。表 5 - 4 显示，华东地区占中国涉农企业外资总额的 59.46%，是中国涉农外资最多的地区。第二个地区是中南地区，占中国涉农外资总额的 22.17%。同时，华东地区也是涉农外国资本密集度（外国资本占总资本的比例）最高的区域，其次是中南地区。另外，东北地区虽然占全国涉农外商资本的比重不高，但其外资密集度较高，仅次于华东地区和中南地区。

表 5-2　各地区涉农企业全要素生产率描述性统计

地区	省份	观察值	占比（%）	均值	标准差	最小值	最大值
华北	北京、天津、山西、河北、内蒙古	33581	8.26	3.125	1.055	0.574	5.582
东北	黑龙江、吉林、辽宁	30431	7.49	3.265	1.007	0.574	5.582
华东	上海、江苏、浙江、安徽、江西、山东、福建	210900	51.88	3.280	0.896	0.574	5.582
中南	河南、湖北、湖南、广东、广西、海南	90105	22.16	3.190	0.979	0.574	5.582
西南	重庆、四川、贵州、云南、西藏	26382	6.49	3.200	0.988	0.574	5.582
西北	陕西、甘肃、青海、宁夏、新疆	15145	3.72	3.059	1.109	0.574	5.582

表 5-3　各地区涉农企业行业分布　　　　　　　　单位：家

行业	华北地区	东北地区	华东地区	中南地区	西南地区	西北地区	合计
兽用药品	493	256	1556	1046	364	123	3838
农药制造	911	473	4264	1651	478	171	7948
农业机械（设备、仪器仪表）制造及修理	2237	2025	12427	5974	1176	1152	24991
棉麻毛丝绢纺织及印染	8960	3154	96945	23054	4403	2777	139293
茶加工	43	17	3330	1592	1118	115	6215
肥料制造	2437	1624	6887	6273	3709	1718	22648
饲料加工	3200	3485	9040	7687	2872	1224	27508
农副食品加工	9511	10847	44293	20425	7825	4594	97495
皮革毛皮羽毛加工	2146	467	7945	4576	650	368	16152
林产化学品	187	70	1631	1889	295	77	4149
谷物磨制	2522	4907	15198	12368	2328	2575	39898
木材竹材采运及加工	934	3106	7384	3570	1164	251	16409
合计	33581	30431	210900	90105	26382	15145	406544

表 5-4　1998~2013 年各地区涉农企业外商资本占比　　　　　　　　单位：%

地区	占各地区总资本比重	占全国外商资本比重
华北	12.74	7.92
东北	15.13	7.49
华东	23.86	59.46

续表

地区	占各地区总资本比重	占全国外商资本比重
中南	18.76	22.17
西南	4.53	1.53
西北	5.41	1.44
全国	18.54	100.00

第二节　区域差异分析

一、各地区 FDI 溢出效应

首先，我们分别采用固定效应和随机效应模型对式（5-1）进行估计，估计结果如表5-5所示，Hausman 检验结果如表5-6所示。

表5-5　估计结果

因变量	lnTFP	
	面板随机效应模型	面板固定效应模型
lna 企业年龄	0.190 *** (69.41)	0.203 *** (61.91)
EX 是否出口	0.283 *** (74.53)	0.280 *** (68.43)
STATE 是否国有	-0.693 *** (-140.23)	-0.584 *** (-89.83)
lnSH[CD] 市场集中度	-0.999 *** (-50.02)	-0.990 *** (-47.21)

续表

因变量	lnTFP	
	面板随机效应模型	面板固定效应模型
SCALE 企业规模	0.532 *** (222.99)	0.326 *** (120.38)
lnD 需求	0.017 *** (14.12)	0.003 ** (2.25)
lnRD 研发投入	0.055 *** (15.45)	0.015 *** (3.90)
lnEDU 职工教育投入	0.187 *** (30.32)	0.082 *** (12.87)
lnNEWP 新产品产值	0.006 *** (13.96)	0.003 *** (7.92)
$\widehat{\ln FDI}$ 外资存量	0.019 *** (34.93)	0.006 *** (8.34)
lnSH 示范效应	−1.842 *** (−24.37)	−3.413 *** (−38.51)
lnSH^L 人员流动效应	−1.406 *** (−20.85)	−0.188 ** (−2.46)
lnSH^{CF} 竞争效应	9.620 *** (25.21)	2.297 *** (5.26)
lnSB 后向溢出	−9.530 *** (−46.21)	−6.060 *** (−24.68)
lnSF 前向溢出	−14.65 *** (−20.80)	−6.343 *** (−7.90)
lnSSB 逆向溢出	−22.64 *** (−45.28)	−14.31 *** (−25.07)
样本数	406544	406544

注：括号内数字为 t 值，＊、＊＊和＊＊＊分别表示在10%、5%和1%水平下显著。

表 5 − 6　Hausman 检验结果

	Chibar2	P 值
Hausman Test	49126.72	0.00

由表 5 - 6 可知，固定效应与随机效应模型的估计结果存在显著差异，拒绝"随机效应模型"的原假设，因此，下文我们采用固定效应模型对各区域 FDI 溢出效应进行估计，结果如表 5 - 7 所示。

表 5 - 7　各区域 FDI 溢出效应估计结果

因变量	lnTFP					
	华北	东北	华东	中南	西南	西北
lna 企业年龄	0. 109 ***	0. 173 ***	0. 232 ***	0. 199 ***	0. 139 ***	0. 0919 ***
	(8. 51)	(8. 22)	(60. 33)	(25. 48)	(8. 24)	(4. 27)
EX 是否出口	0. 309 ***	0. 315 ***	0. 256 ***	0. 307 ***	0. 318 ***	0. 356 ***
	(18. 32)	(13. 45)	(54. 20)	(31. 75)	(14. 58)	(10. 28)
STATE 是否国有	- 0. 541 ***	- 0. 610 ***	- 0. 572 ***	- 0. 561 ***	- 0. 536 ***	- 0. 641 ***
	(- 23. 46)	(- 18. 97)	(- 63. 41)	(- 40. 16)	(- 21. 38)	(- 20. 68)
$lnSH^{CD}$ 市场集中度	- 0. 779 ***	- 1. 028 ***	- 0. 935 ***	- 1. 203 ***	- 1. 189 ***	- 0. 612 ***
	(- 11. 00)	(- 9. 60)	(- 33. 07)	(- 24. 12)	(- 12. 96)	(- 4. 70)
SCALE 企业规模	0. 336 ***	0. 297 ***	0. 310 ***	0. 349 ***	0. 335 ***	0. 348 ***
	(33. 02)	(20. 09)	(94. 91)	(54. 38)	(26. 95)	(19. 34)
lnD 需求	- 0. 012 **	- 0. 037 ***	0. 009 ***	- 0. 00003	0. 009	- 0. 019 **
	(- 2. 45)	(- 3. 88)	(5. 17)	(- 0. 01)	(0. 86)	(- 1. 96)
lnRD 研发投入	0. 056 ***	- 0. 004	0. 013 ***	- 0. 002	0. 031 ***	0. 003
	(3. 81)	(- 0. 15)	(2. 74)	(- 0. 19)	(2. 82)	(0. 15)
lnEDU 职工教育投入	0. 122 ***	0. 163 ***	0. 074 ***	0. 102 ***	0. 017	0. 056
	(5. 62)	(4. 36)	(9. 90)	(6. 28)	(0. 71)	(1. 24)
lnNEWP 新产品产值	- 0. 003	0. 010 ***	0. 002 ***	- 0. 004 ***	0. 020 ***	0. 032 ***
	(- 1. 32)	(4. 30)	(3. 87)	(- 4. 36)	(15. 02)	(9. 27)
$ln\widehat{FDI}$ 外资存量	0. 020 ***	0. 008 **	0. 007 ***	0. 001	- 0. 001	0. 015 **
	(6. 26)	(2. 13)	(7. 66)	(0. 48)	(- 0. 35)	(2. 31)
lnSH 示范效应	- 2. 778 ***	- 5. 803 ***	- 2. 441 ***	- 5. 502 ***	- 4. 875 ***	- 2. 763 ***
	(- 8. 31)	(- 11. 96)	(- 22. 71)	(- 26. 35)	(- 11. 80)	(- 5. 09)
$lnSH^{L}$ 人员流动效应	0. 066	2. 017 ***	- 0. 787 ***	0. 757 ***	0. 578	0. 137
	(0. 23)	(4. 26)	(- 8. 51)	(4. 30)	(1. 49)	(0. 29)

续表

因变量	lnTFP					
	华北	东北	华东	中南	西南	西北
lnSH^CF 竞争效应	0.096 (0.06)	-11.12*** (-3.97)	6.531*** (12.65)	-2.788*** (-2.74)	-0.087 (-0.04)	-4.896* (-1.75)
lnSB 后向溢出	-1.652* (-1.73)	-0.160 (-0.09)	-7.902*** (-28.02)	-4.742*** (-8.05)	-6.192*** (-4.52)	-1.222 (-0.74)
lnSF 前向溢出	2.480 (0.81)	27.10*** (5.13)	-14.45*** (-15.18)	2.379 (1.27)	8.218* (1.94)	4.689 (0.88)
lnSSB 逆向溢出	-4.510** (-2.05)	-2.387 (-0.60)	-19.60*** (-29.83)	-9.719*** (-6.95)	-11.87*** (-3.88)	-4.029 (-1.04)
样本数	33581	30431	210900	90105	26382	15145
R^2	0.1724	0.2024	0.2346	0.2085	0.2028	0.1717
F	323.40	345.05	3032.26	1083.61	308.19	140.55

注：括号内数字为 t 值，＊、＊＊和＊＊＊分别表示在10%、5%和1%水平下显著。

从表5-7中可以看到，企业年龄、是否出口、是否国有、市场集中度以及企业规模在各地区的估计结果是一致的，其中，出口活动可以促进涉农企业全要素生产率的提高，企业年龄和企业规模也对涉农企业全要素生产率有积极影响，相反，来自内资企业的竞争压力会阻碍涉农企业全要素生产率的提高，国有企业全要素生产率整体也低于非国有企业。另外，研发投入可以促进华北地区、华东地区和西南地区涉农企业 TFP 提高，但对其他地区涉农企业没有显著影响，职工教育投入可以促进除西南地区和西北地区以外的四个地区涉农企业 TFP 进步，新产品产值对中南地区涉农企业 TFP 存在负向影响，但可以促进东北地区、华东地区、西南地区和西北地区涉农企业 TFP 提升。

对于华北地区涉农企业，外商资本增加对企业 TFP 有积极影响，但同行业 FDI 的增加会对企业 TFP 产生消极的示范效应，此外，下游 FDI 产生的后向溢出和逆向溢出也会抑制该地区涉农企业 TFP 发展，相比之下，下游 FDI 比同行业 FDI 产生的负向溢出效应更大。

与华北地区不同，对于东北地区涉农企业来说，直接引进外资对其全要素生产率的促进作用较小，而同行业 FDI 除了会对其产生负向示范效应外，还会产生正向人员流动效应和负向竞争效应，但总的水平溢出效应仍然为负，此外，下游 FDI 对该地区涉农企业不存在负向溢出，相反，上游 FDI 的增加可以促进涉农企业全要素生产率的提高。

而对于经济发展水平较高的华东地区来说，外商资本增加对涉农企业的直接促进作用略低于东北地区，同行业 FDI 的示范效应仍然为负，此外，还会给该地区涉农企业带来负向人员流动效应以及积极的竞争效应。然而，上下游 FDI 的增加对华东地区涉农企业全要素生产率发展均有较强的抑制作用。

从水平视角来看，中南地区与东北地区类似，FDI 对涉农企业 TFP 存在负的示范效应、竞争效应以及正向人员流动效应。在垂直溢出方面，与华北地区类似，下游 FDI 增加不利于中南地区涉农企业 TFP 进步，上游 FDI 对其没有显著影响。另外，企业自身外商资本增加也没有显著促进该地区涉农企业 TFP 提高。

同样地，对于西南地区涉农企业来说，外资引进对其没有显著的正向直接影响，同行业 FDI 增加会产生负向的示范效应。在垂直溢出方面，下游 FDI 不利于涉农企业 TFP 增长，但从上游外企购买投入可以对该地区涉农企业产生正向溢出。

在西北地区，外资引进只对涉农企业存在积极的直接影响，同行业外资会产生负向的溢出效应，该负向溢出来自于示范效应和竞争效应，而上下游 FDI 对该地区涉农企业没有显著的溢出效应。

总的来说，在六大区域中，FDI 对涉农企业的示范效应均显著为负，对于经济发展水平较高的华东地区，该负向溢出较小。相反，在华东地区，存在消极的 FDI 人员流动效应，而在经济发展滞后的东北地区，涉农企业可以从同行业外企获得正向的人员流入。在竞争效应方面，只有华东地区涉农企业可以在外企竞争压力中获得激励，从而促进全要素生产率的提高。下游外企对除东北和西北以外的其他地区涉农企业均存在负向溢出，上游 FDI 可以促进东北和西南地区涉农企业 TFP，同时对华东地区涉农企业存在消极影响。

二、区域内外 FDI 溢出效应

在对各地区 FDI 溢出效应进行考察之后，本书进一步分析了各地区来自区域内外 FDI 溢出的差异，估计结果如表 5 - 8 所示。

表 5 - 8　各地区区域内外 FDI 溢出效应估计结果

因变量	lnTFP					
	华北地区	东北地区	华东地区	中南地区	西南地区	西北地区
区域内溢出效应						
示范效应	0.039	- 6.521 ***	- 1.913 ***	1.661 ***	- 10.15 ***	36.30 ***
	(0.06)	(- 5.83)	(- 10.78)	(4.14)	(- 4.42)	(4.11)
人员流动效应	0.600	3.085 ***	- 0.448 ***	- 1.058 ***	6.725 ***	49.54 ***
	(1.09)	(3.22)	(- 3.61)	(- 3.98)	(5.06)	(5.09)
竞争效应	- 0.047	- 0.405 ***	- 0.049	0.011	- 0.449 ***	- 3.089 ***
	(- 0.85)	(- 5.98)	(- 1.39)	(0.30)	(- 6.29)	(- 5.58)
后向溢出	- 0.299	- 1.976 ***	0.884 ***	- 0.532 ***	- 1.187 ***	- 5.498 ***
	(- 1.63)	(- 7.74)	(11.91)	(- 4.99)	(- 4.75)	(- 4.87)
前向溢出	3.712	9.243	- 12.63 ***	- 4.842 *	28.48 ***	370.0 ***
	(1.44)	(1.44)	(- 8.47)	(- 1.92)	(3.40)	(4.92)
区域外溢出效应						
示范效应	- 2.720 ***	1.437 *	- 1.163 ***	- 5.358 ***	2.387 **	- 11.04 **
	(- 4.71)	(1.91)	(- 10.07)	(- 22.56)	(2.32)	(- 2.53)
人员流动效应	0.041	- 1.494 ***	- 0.307 ***	0.323 ***	- 1.470 ***	3.509 **
	(0.19)	(- 5.74)	(- 4.32)	(2.97)	(- 4.60)	(2.21)
竞争效应	0.042 ***	- 0.112 ***	- 0.043 ***	0.028 ***	- 0.100 ***	0.339 ***
	(2.59)	(- 5.80)	(- 6.97)	(2.92)	(- 5.47)	(2.97)
后向溢出	4.041 ***	5.867 **	- 0.092	0.606 ***	5.558	249.8 ***
	(4.30)	(2.57)	(- 1.48)	(4.31)	(1.60)	(5.01)

续表

因变量	lnTFP					
	华北地区	东北地区	华东地区	中南地区	西南地区	西北地区
前向溢出	-15.31	-95.48***	-3.680***	-6.143	-106.7***	-573.0***
	(-1.10)	(-5.91)	(-2.87)	(-1.51)	(-5.75)	(-5.41)
样本数	33581	30431	210900	90105	26382	15145
R²	0.1748	0.2039	0.2344	0.2144	0.2023	0.1794
F	263.04	278.58	2422.34	898.36	245.82	118.55

注：括号内数字为 t 值，＊、＊＊和＊＊＊分别表示在10%、5% 和1% 水平下显著。

从表5－8中可以看到，华北地区的溢出效应来自于区域外 FDI，除了负向示范效应外，区域外同行业外资还可以通过竞争效应促进该地区涉农企业全要素生产率进步，同时，来自区域外的下游行业 FDI 也可以对涉农企业全要素生产率产生正向溢出。

对于东北地区涉农企业来说，区域内同行业外资的增加会对其产生负向示范效应，但来自区域外 FDI 的示范效应显著为正。相反，东北地区涉农企业可以从区域内外企获得正向的人员流动效应，而区域外 FDI 人员流动效应不利于该地区涉农企业 TFP 提高。此外，由于同一地区企业之间竞争关系较强，因此，区域外 FDI 对东北地区涉农企业产生的负向竞争效应小于区域内 FDI，同时，区域外 FDI 还会给企业带来积极的后向溢出，而区域内下游外资的增加会抬高当地土地和劳动力等要素价格，从而对涉农企业 TFP 产生消极溢出。区域外上游 FDI 的增加也不利于该地区涉农企业全要素生产率提升。

与东北地区不同，区域内外的同行业 FDI 均对华东地区涉农企业存在负向溢出，区域外 FDI 产生的负向示范效应和人员流动效应较小。在垂直溢出方面，区域内下游 FDI 可以对该地区涉农企业产生积极的溢出效应，而上游 FDI 增加不利于华东地区涉农企业 TFP 提高，且区域内 FDI 产生的负向溢出更大。

在中南地区，区域内 FDI 可以对涉农企业起到积极的示范作用，而区域外

FDI 示范效应为负，相反，区域外 FDI 带来的人员流动效应和竞争效应显著为正，而区域内外企产生的人员流动效应对涉农企业 TFP 存在消极影响。此外，区域内上下游 FDI 均不利于涉农企业全要素生产率进步，来自其他区域的下游 FDI 可以促进中南地区涉农企业全要素生产率的提高。

经济发展水平较低的西南地区与东北地区情况类似，区域内同行业 FDI 对其存在消极的示范效应和竞争效应，而人员流动效应显著为正，区域外 FDI 除正向示范效应外，还会对涉农企业产生较小的负向人员流动效应和竞争效应。在垂直溢出方面，区域外上游 FDI 产生的前向溢出为负，而区域内上游 FDI 对涉农企业存在积极的溢出效应。同时，来自其他区域的下游行业外资增加不利于涉农企业全要素生产率发展。

对于西北地区涉农企业来说，区域内外 FDI 均可以产生正向的人员流动效应，相比之下，区域内 FDI 的正向溢出更强。在示范效应和竞争效应方面，区域内外 FDI 产生的溢出方向相反，区域内 FDI 可以通过示范作用促进涉农企业 TFP 提高，而区域外 FDI 能够产生良性的竞争效应，激励企业提高自身 TFP。此外，其他区域下游行业 FDI 可以对涉农企业 TFP 产生促进作用，来自同一地区的上游 FDI 也可以对涉农企业产生正向溢出。

总的来说，对于经济发展水平较落后的东北地区、西北地区和西南地区，水平溢出主要来自于区域内同行业外企，而垂直溢出主要来自区域外上下游外企。在华北地区，FDI 溢出均来自其他区域外商投资企业，而在经济发展水平较高的华东地区，涉农企业受区域内外企 FDI 溢出效应的影响更大。

是什么原因导致华东地区涉农企业受区域内 FDI 的影响更大呢？首先，基础设施特别是交通基础设施，是影响溢出程度的重要因素。较高的跨区域运输成本使企业倾向于选择距离较近的供应商和采购商，因此，垂直溢出更容易在区域内产生。此外，华东地区多为沿海城市，与内陆地区相比，沿海地区具有一定的地理优势，Démurger 等（2002）提到中国的 7 个沿海省份（河北、山东、江苏、浙江、福建、广东和海南）人口的 82% 生活在距大海或可通航的河流 100 千米之内，水路运输的低成本使在沿海地区进行货物交换变得更加容易。除地理优势之外，华东地区在公路和铁路等交通基础设施方面也享有优势，交通运输优势使华东地区比其他地区更易受到区域内溢出效应的影响。

【结语】

中国各地区经济发展水平、资源禀赋和政策等存在一定的差异，因此，各地区 FDI 对涉农企业 TFP 的溢出效应不尽相同。本章采用中国涉农企业非平衡面板数据，考察了中国六个地区的 FDI 溢出效应以及区域内和区域外溢出效应。结果表明，经济发展较滞后的地区可以通过吸引外企员工来获得正向溢出，而该正向溢出主要来源于区域内 FDI，经济发展水平较高的地区可以从外企竞争效应中获得激励，该竞争效应主要来源于区域外同行业外企。总体来看，下游 FDI 不利于各地区涉农企业 TFP 发展，但在较发达的华东地区，区域内下游 FDI 对涉农企业有正向溢出，而对于除西南以外的其他地区，区域外下游外企可以促进涉农企业 TFP 增长。上游 FDI 对欠发达地区涉农企业存在正向溢出，且该正向溢出主要来自于区域内外企。

第六章　FDI 对中国农业 TFP 的影响：基于宏观数据的分析

前文采用企业数据考察了 FDI 对农业全要素生产率的影响，结果显示，FDI 对涉农企业 TFP 存在显著的直接影响和溢出效应，且受企业吸收能力的调节。吸引外资、学习其先进的技术和管理经验，最主要的目的是促进我国经济增长。前文揭示的是微观层面上的机制，但微观层面上的结论在宏观层面上不一定成立。同时，部分企业受益于 FDI 也不是我国吸引外资政策的重要目标。而促进全国或某个地区经济增长，才是吸引外资政策的初衷。那么在宏观层面，是否也存在上文得到的结论呢？金晓琳（2016）发现在人力资本较高的省份，FDI 有利于农业全要素生产率的提高。吕立才和熊启泉（2010）认为农业 FDI 对农业领域技术转移有一定的积极作用。还有学者发现 FDI 对农业 TFP 的影响并不是线性的，而是呈现"U"形特征，存在省际差异，这是吸收能力、农业开放度、农业规模和技术含量、机械和化肥投入以及配套设施差异作用的结果（马巍等，2016）。为了更好地与企业层面研究结果进行比较，本章仍将采用同一时间段中国各省份面板数据来分析农业和非农 FDI 对农业全要素生产率的影响。

第一节　宏观层面 FDI 对农业 TFP 溢出效应检验

目前有关 FDI 与农业生产率的研究并不多，且关于 FDI 对农业生产率影响的结论并未达成一致，滕玉华等（2012）采用中国中部地区的面板数据进行研究发现 FDI 的技术溢出有助于促进农业全要素生产率的提高，与之相反，孟令杰和李新华（2014）认为农业 FDI 对农业 TFP 具有显著的负面影响。

根据内生经济增长理论，首先，农业 FDI 可以通过"干中学"来促进农业生产率的提高和产出的增加，开放经济体所吸引的 FDI 越多，其从知识外溢中获益的可能性就越高，因而农业劳动生产率就越高。其次，农业 FDI 还可以通过技术转移影响农业生产，包括通过外商独资和合资企业进行的内部化技术转移和通过合作型公司进行的外部化技术转移；技术外溢也是 FDI 影响农业生产的重要途径；除此之外，FDI 可以通过研发国际化对农业生产产生影响，农业外商投资企业通过在海外建立研发机构或技术联盟来实现国际化，对东道国的创新环境起到了改善作用，进而影响东道国的国家创新体系，最终促进了农业生产的发展（周志专，2014）。最后，FDI 中会产生利润汇出和资本逃离现象，使经济产生波动，影响农业生产，还会对东道国农业产生挤出效应，影响国内农业安全，从而对农业生产产生负面影响。

一、模型设定

使用宏观数据的主要问题是省际差异对农业全要素生产率有很大影响。在这些差异中，一类在短期内不随时间变动，如农业政策、生产习惯、自然条件等，另一类则随时间发生变化，如劳动力水平、农业基础设施建设等。不随时变的差异可以用固定效应模型来控制，对于时变差异，加入控制变量来进行衡量。本书用教育情况体现人力资本水平（hum），选取农村居民家庭平均每百个劳动力中高中程度人数来表示教育变量；选择灌溉面积作为农业生产条件（APC）的代理变量；用公路密度作为地区基础设施（INF）的代理变量，选取每平方公里里程数来表示公路密度；加入滞后一期农业全要素生产率（TFP_{it-1}）作为未知遗漏变量的代理变量；为了考察 FDI 对农业 TFP 的影响，加入变量 FDI_{it}，对所有指标取对数设定模型如下：

$$\ln TFP_{it} = \alpha_0 + \alpha_1 \ln TFP_{it-1} + \alpha_2 \ln hum_{it} + \alpha_3 \ln APC_{it} + \alpha_4 \ln INF_{it} + \alpha_5 \ln AC_{it} +$$
$$\alpha_6 \ln FDI_{it} + \mu_i + \varepsilon_{it} \tag{6-1}$$

其中，TFP_{it} 是 i 省份 t 年农业全要素生产率（计算方法见下文），AC_{it} 为运用因子分析法计算得到的地区吸收能力（具体方法见下文）。FDI_{it} 包括 i 省份 t 年的农业 FDI 存量（AFDI）与非农业 FDI 存量（NAFDI）。对于 FDI 存量，本书使用永续盘存法（Perpetual Inventory Method，PIM）来测算（Young，2003）（具体方法见下文）。此外，使用滞后期农业 FDI 存量作为 AFDI 的工具变量，进行稳健性估计。μ_i 为地区固定效应，ε_{it} 为随机误差项。

Cohen 和 Levinthal（1989）提出吸收能力可以帮助企业提高对外部知识的吸收之后，越来越多的研究在 FDI 和知识溢出效应中引入吸收能力作为调节变量（Nieto 和 Quevedo，2005；黄静，2007），吸收能力的调节作用在一定程度上解释了为什么对不同国家、不同行业、不同地区 FDI 溢出效应的研究结论有显著差别。

为了考察各省吸收能力的调节作用，本书在式（6-1）的基础上，建立基于 Hansen（1999）的非动态面板门槛回归模型进行估计，具体形式如下：

$$\ln TFP_{it} = \theta_1 \ln AFDI_{it} I(AC_{it} \le \varphi_1) + \theta_2 \ln AFDI_{it} I(AC_{it} > \varphi_1) + \alpha_1 \ln TFP_{it-1} +$$
$$\alpha_2 \ln hum_{it} + \alpha_3 \ln APC_{it} + \alpha_4 \ln INF_{it} + \alpha_5 \ln AC_{it} + \alpha_6 \ln NAFDI_{it} + \mu_i + \varepsilon_{it}$$

$$\tag{6-2}$$

$$\ln TFP_{it} = \theta_1 \ln NAFDI_{it} I(AC_{it} \leqslant \varphi_1) + \theta_2 \ln NAFDI_{it} I(AC_{it} > \varphi_1) + \alpha_1 \ln TFP_{it-1} +$$

$$\alpha_2 \ln hum_{it} + \alpha_3 \ln APC_{it} + \alpha_4 \ln INF_{it} + \alpha_5 \ln AC_{it} + \alpha_6 \ln AFDI_{it} + \mu_i + \varepsilon_{it}$$

$$(6-3)$$

模型（6－2）和模型（6－3）分别考察了吸收能力（AC_{it}）在农业 FDI 和非农业 FDI 对各省份农业 TFP 影响中所起的调节作用。其中，$I(\cdot)$ 为指示函数，i、t 分别表示省份和年份，φ_1 为待估算的门槛值，吸收能力 AC 为门槛变量，其余变量含义与式（6－1）相同。

二、变量测算

（一）因子分析法测算吸收能力

目前，由于研究的角度以及范围的不同，对于吸收能力的定义至今仍没有统一的结论。但是，在诸多的定义中，Cohen 和 Levinthal（1990）提出的吸收能力的定义受到大量学者的青睐，他们将吸收能力定义为研究主体识别、消化和使用外部资源的能力，用 R&D 投入、专利数量、科研培训投入或对研发人员的投入来衡量，但从单一维度并不能很好地衡量吸收能力。随着研究的深入，很多学者开始用多维度法来衡量吸收能力，Zahra 和 George（2002）提出的吸收能力的四维度得到了广泛运用，该定义从动态的角度对吸收能力进行了解释，将吸收能力扩展为识别、消化、转化以及利用四个维度。

吸收能力的水平、广度、深度是积累的结果，一个国家或区域过去的知识和创新活动会影响现在吸收知识和创新的能力。已有研究一般用三种宏观层面的指标来表示吸收能力：知识背景、支撑联系的实体基础设施和人力资源基础设施。其中，知识背景源自过去知识和创新的积累。Crespo－Cuaresma 等（2004）发现，接收国的研发和教育水平越高，研发溢出效应越高。关于人力资源基础设施，很多对吸收能力的研究都将其作为唯一的或主要的指标（Coe 等，2009）。基于此，本书使用以下三组指标：①知识背景：研发费用、科技论文数量。②实

外资引进与中国涉农企业全要素生产率：创新的传导作用

体基础设施：网络用户。③人力资源基础设施：高中入学人数、大学入学人数。运用因子分析法得出各指标的因子载荷，进而得出各省份吸收能力值。

（二）永续盘存法测算 FDI 存量

本书之所以选择 FDI 存量，是因为前一期外商直接投资也可能继续影响当期全要素生产率，若选用当期 FDI 流量则会遗漏前期残值的贡献。由于各省份统计年鉴中只有农业 FDI 流量的数据，故本书采用永续盘存法来对各省份农业 FDI 存量进行估算（姚树洁等，2006），即：

$$FDI_{it} = FDI_{it-1}(1 - \delta) + fdi_{it} \tag{6-4}$$

其中，FDI_{it} 为 i 省份 t 年 FDI 存量；fdi_{it} 为 i 省份 t 年 FDI 流量；δ 为 FDI 存量的经济折旧率，张军等（2004）取折旧率为 9.6%，张天顶（2004）、李健等（2016）取折旧率为 10%，彭建平和李永苍（2014）按 10%、15% 两档折旧率来计算 FDI 存量，基于此，本书取折旧率为 10%，以 1979 年各省份 FDI（农业或非农业）除以 10% 作为该省份的初始资本存量。

（三）随机前沿法测算农业 TFP

区域全要素生产率的测算通常有两种方法，非参数方法中最常见的为数据包络分析法（Data Envelopment Analysis，DEA），该方法的弊端是没有考虑随机误差对个体效率的影响。参数方法中使用最广泛的为随机前沿法（Stochastic Frontier Approach，SFA），该方法需设定生产函数，将误差项分为无效率项和随机误差项，确保了 TFP 估计结果的有效和一致，且考虑了随机误差项对个体效率的影响。由于本书采用中国各省份的面板数据，随机误差项对个体效率的影响将很大，使用 SFA 对 TFP 进行测算更加有效和一致。Battese & Coelli 模型是常用的测度全要素生产率的"参数方法"，参考 Battese 和 Coelli（1992）的研究，面板数据的随机前沿生产函数可以写为：

$$Y_{it} = exp(X_{it}\beta + V_{it} - U_{it}) \tag{6-5}$$

其中，Y_{it} 为 i 省份 t 年的农业产出，X_{it} 为 i 省份 t 年的农业投入；β 为待估参数；V_{it} 为误差项，并假定其服从正态分布 $N (0, \sigma_v^2)$；U_{it} 是一个非负的随机变量，它与生产的技术效率有关，并假定其服从均值为 μ、方差为 σ_u^2 的正态分布，且在零处被截断。$\gamma = \sigma_U^2 / \sigma_v^2 + \sigma_U^2$ 表示技术无效率方差在误差项中所占的比例，其值介于 $0 \sim 1$，在统计检验中，若 $\gamma = 0$ 这一原假设被接受，表明不存在无效率项，无须使用 SFA 来分析这一面板数据。

i 地区 t 年的技术效率可以用式（6 – 6）来表示（Coelli 等，1998）：

$$TE_{it} = E[\exp(-U_{it}) \mid (V_{it} - U_{it})] \tag{6-6}$$

技术效率变化可以写作：

$$EC_{it} = TE_{it} / TE_{is} \tag{6-7}$$

从随机生产前沿的估计参数可以直接计算出两个相邻周期 s 和 t 之间的技术进步指数（TC_{it}）。计算在 t 和 s 时期的生产函数的偏导数，将其转换为指数并计算其几何平均值。根据 Coelli 等（1998）的研究，技术进步指数如下：

$$TC_{it} = \left\{ \left[1 + \frac{\partial f(x_{is}, s, \beta)}{\partial s} \right] \times \left[1 + \frac{\partial f(x_{it}, t, \beta)}{\partial t} \right] \right\}^{0.5} \tag{6-8}$$

将技术效率变化和技术进步指数相乘，便得到了 TFP 指数：

$$TFP_{it} = EC_{it} \times TC_{it} \tag{6-9}$$

这与 Färe 等（1985）提出的 Malmquist 指数的分解相同。

与传统的 C – D 生产函数相比，超越对数生产函数模型更易估计且包容性更强（李子奈和潘文卿，2000），可以更好地研究投入间的相互影响、各种投入带来技术进步的差异以及技术进步随时间的变化。本书使用了中国各省份的面板数据，各投入要素对产出的影响可能会随着时间和地区的不同而改变，因此，选择建立超越对数生产函数对各省份农业全要素生产率进行估计，如下所示：

$$\ln Y_{it} = \beta_0 + \sum_j \beta_j \ln X_{ijt} + \beta_t t + \sum_j \beta_{jj} (\ln X_{ijt})^2 + \beta_{tt} t^2 + \sum_j \sum_k \beta_{jk} \ln X_{ijt} \ln X_{ikt} +$$
$$\sum_j \beta_{jt} t \ln X_{ijt} + V_{it} - U_{it} \tag{6-10}$$

其中，Y_{it} 为农业产出，以 1990 年不变价的农林牧渔业总产值来表示。下标 i

和 t 分别表示省份和年份，变量 t 为时间趋势，t = 1，2，…，T。X 为农业要素投入变量，下标 j 和 k 表示第 j 和第 k 个投入，包括土地（Land）、人力（L）、役畜（SA）和中间投入（I），土地投入以农作物总播种面积计算；人力投入采用农林牧渔业从业人员数；役畜投入采用本年内各省份拥有的大牲畜数量中所包含的农用役畜年末存栏数计算，农用役畜是指大牲畜中实际用于农林牧渔生产的部分；中间投入为各省份农业总产值与农业 GDP 的差额，为使数据具有可比性，将其调整为 1990 年不变价格的中间投入。

三、数据说明

本书使用来自中国 30 个省级地区（西藏、港澳台除外）的面板数据作为研究对象，考察了 FDI 对区域农业创新绩效和全要素生产率的影响。这些数据来源于《中国统计年鉴》、各省份统计年鉴、《中国城市统计年鉴》、《中国农业统计年鉴》、《中国农村统计年鉴》和《中国交通年鉴》，各指标具体来源如表 6 - 1 所示。

表 6 - 1　数据来源

序号	指标	数据来源
1	各省份农业总产值	《中国统计年鉴》
2	各省份农业 GDP	
3	各省份国内生产总值	
4	各省份农林牧渔业从业人员数	
5	各省份农作物总播种面积	
6	各省份农业机械总动力	
7	各省份农用化肥施用折纯量	
8	各省份有效灌溉面积	
9	各省份科研经费内部支出	各省份统计年鉴
10	各省份农业 FDI 流量	
11	各省份发表科技论文数量	
12	各省份高中、大学入学人数	

序号	指标	数据来源
13	各省份网络用户数（国际互联网用户数）	《中国城市统计年鉴》
14	各省份农用役畜年末存栏数	《中国农业统计年鉴》
15	各省份农村居民家庭平均每百个劳动力中高中程度人数	《中国农村统计年鉴》
16	各省份公路密度（每平方千米里程数）	《中国交通年鉴》

地区全要素生产率估计以及门槛模型中用到的变量描述性统计如表 6 - 2 所示。可以看到，农业 FDI 存量（AFDI）在总的外商直接投资存量中占比较小，其均值为 41590.24 万美元，而非农业 FDI 存量（NAFDI）均值为 1630000 万美元。人力资本（hum）为农村居民家庭平均每百个劳动力中高中程度人数，其最小值为 3.03，最大值为 21.70，均值为 10.30。农业生产条件（APC）为各省份有效灌溉面积，其最大值为 5342.12 千公顷，最小值为 153.02 千公顷，均值为 1889.48 千公顷。由因子分析法计算得到的吸收能力 AC 最大值为 3.56，最小值为 -0.46，均值为 0.00。从表 6 - 2 中可以看到，1990 年不变价的各省份农林牧渔业总产值（Y）最大值为 8258.23 亿元，最小值为 57.57 亿元，均值为 1500.46 亿元。

表 6 - 2　变量描述性统计

变量	样本数	均值	方差	最小值	最大值
AFDI	480	41590.24	85708.62	0.63	921000.00
NAFDI	480	1630000.00	2700000.00	941.36	18500000.00
hum	480	10.30	3.47	3.03	21.70
APC	480	1889.48	1408.92	153.02	5342.12
INF	480	0.59	0.42	0.02	1.99
AC	480	0.00	0.61	-0.46	3.56
Y	480	1500.46	1352.39	57.57	8258.23
L	480	992.66	748.10	33.38	3558.55
land	480	5224.80	3468.32	242.46	14323.54
I	480	625.58	587.92	16.58	3948.87
animal	480	184.96	173.74	0.01	837.01

第二节　宏观层面 FDI 溢出效应实证结果与讨论

一、随机前沿生产函数估计结果

根据模型（6-10）的设定，利用中国 30 个省级地区（西藏、港澳台除外）的面板数据进行估计，结果如表 6-3 所示。从表中可以看到，γ=0 的原假设被拒绝，说明技术无效率在各省份农业生产中是存在的，且 γ 值为 0.955，说明误差主要由生产技术的非效率造成，对样本数据采用 SFA 估计是必要的。模型中包含时间趋势的回归项大部分通过显著性检验，说明技术是非中性的，其并不独立于生产要素。Wald 检验和对数似然检验的结果也表明模型有较强的解释力。在投入要素中，土地、人力和役畜对农业产出有显著的积极影响，其中，土地投入对农业产出的影响最大，回归系数为 0.911，其次是人力投入，回归系数为 0.703，役畜投入回归系数为 0.102。

表 6-3　随机前沿超越对数生产函数估计结果

自变量	系数	标准差	Z 检验值
lnL	0.703 ***	0.178	3.950
lnLand	0.911 ***	0.229	3.980
lnI	0.132	0.127	1.040
lnSA	0.102 *	0.052	1.950
t	0.068 ***	0.015	4.420
$(\ln L)^2$	0.004	0.037	0.110
$(\ln Land)^2$	0.005	0.042	0.110
$(\ln I)^2$	-0.008	0.017	-0.450

续表

自变量	系数	标准差	Z 检验值
$(\ln SA)^2$	0.003	0.004	0.830
t^2	0.001***	0.0002	3.630
$\ln L \times \ln Land$	−0.124*	0.068	−1.820
$\ln L \times \ln I$	0.044	0.037	1.190
$\ln L \times \ln SA$	0.015	0.016	0.900
$\ln Land \times \ln I$	0.032	0.046	0.700
$\ln Land \times \ln SA$	−0.041**	0.017	−2.460
$\ln I \times \ln SA$	0.016	0.012	1.300
$t\ln L$	−0.001	0.004	−0.180
$t\ln Land$	−0.014**	0.006	−2.510
$t\ln I$	0.009**	0.003	2.520
$t\ln SA$	0.001	0.001	0.580
Constant	−2.566***	0.634	−4.050
γ	0.955***	—	—
样本数	480		
Wald 检验	31726.640	—	—
Wald 伴随概率	0.000	—	—
对数似然函数值	754.997	—	—

注：*、**和***分别表示在10%、5%和1%水平下显著。

由表6-3所示结果计算得到各省份 TFP 后，根据国家统计局对地区划分的常规分类，将30个省份划分为六大区域：华北地区、东北地区、华东地区、中南地区、西南地区和西北地区。参考石慧等（2008）的做法，以各省份农业总产值占地区农业总产值的比重作为权重，将各省份 TFP、技术进步和技术效率进行加权平均得到各指标的地区平均值，并计算其平均增长率，如图6-1所示。

由图6-1可以看到，各地区农业 TFP 平均增长率均为正且差别不大，东北地区略低于其他地区。在其构成成分中，技术进步呈现正增长，即技术前沿面是不断前移的，从而促进了农业 TFP 增长。而技术效率呈现负增长，技术效率可以

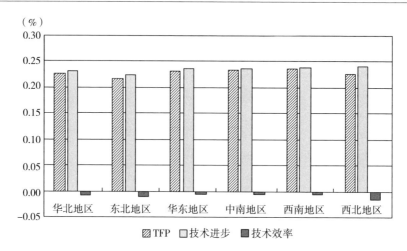

图 6-1　1998~2013 年六大地区 TFP 及其构成成分平均增长率

分解为资源配置效率和规模效率（袁小慧和范金，2019），因此，技术效率的负增长可能是由于生产要素不断从生产率较低的农业部门流向生产率较高的工业和服务业部门，导致资源配置效率降低，从而在一定程度上阻碍了农业 TFP 的提高。另外，由于农业属于传统部门，虽然其技术前沿面在不断前移，但部分省份技术进步速度较慢，从而与前沿面的差距不断拉大，表现为技术效率低下，图 6-1 中东北地区的农业技术进步增长率低于其他地区，其技术效率负增长率也较高。此外，西北地区技术效率负增长率明显高于其他地区，这可能是由于西北地区资本规模较小，劳动者素质较低，难以适应农业发展需求，导致技术效率降低。

二、FDI 对区域农业 TFP 影响的实证结果

由于全要素生产率可以分解为技术进步与技术效率，为了进一步分析 FDI 是通过何种途径影响农业 TFP 的，本书以式（6-1）、式（6-2）、式（6-3）为基础，将其中的 TFP 变量分别替换为技术进步指数（TC）和技术效率指数

（EC），来考察 FDI 对农业技术进步和技术效率的影响。在实际操作中，我们根据式（6-2）、式（6-3）依次对吸收能力进行单门槛、双门槛和三门槛检验，直到门槛效应不显著为止。门槛效应检验结果如表 6-4 所示，可以发现，FDI 与农业 TFP 之间确实存在一种非线性的关系，在农业 FDI 对农业 TFP 的影响中存在吸收能力的单门槛效应，门槛值为 -0.2801，在 95% 的置信水平下显著；而在非农业 FDI 对农业 TFP 的溢出中存在吸收能力的双门槛效应，且门槛值（0.0533 和 0.0570）在 99% 的置信水平下显著。同样地，在农业和非农业 FDI 对技术进步（TC）的影响中也存在吸收能力的单门槛和双门槛效应，且门槛值与 FDI 对 TFP 的估计结果一致。然而在 FDI 对技术效率（EC）的影响中并不存在吸收能力的门槛效应。

表 6-4 FDI—TFP 门槛检验结果

	门槛估计值	F 值	P 值	Bootstrap 次数	95% 置信区间
农业 FDI - TFP 门槛估计					
单门槛模型	-0.2801**	16.66	0.04	50	[-0.2942，-0.2797]
双门槛模型	—	7.00	0.44	50	—
门槛 -21	-0.2776	—	—	—	[-0.3307，-0.2773]
门槛 -22	-0.3451	—	—	—	[-0.3457，-0.3395]
非农业 FDI - TFP 门槛估计					
单门槛模型	-0.2801**	14.94	0.04	50	[-0.2942，-0.2797]
双门槛模型	—	33.58	0.00	50	—
门槛 -21	0.0533***	—	—	—	[0.0350，0.0562]
门槛 -22	0.0570***	—	—	—	[0.0565，0.0654]
三门槛模型	0.6054	10.83	0.50	50	[0.4735，0.6161]
农业 FDI - TC 门槛估计					
单门槛模型	-0.2801*	16.06	0.06	50	[-0.2942，-0.2797]
双门槛模型	—	6.96	0.42	50	—
门槛 -21	-0.2776	—	—	—	[-0.2776，-0.2773]
门槛 -22	-0.3451	—	—	—	[-0.3457，-0.3395]

	门槛估计值	F 值	P 值	Bootstrap 次数	95% 置信区间
非农业 FDI – TC 门槛估计					
单门槛模型	− 0.2801 *	14.45	0.08	50	[− 0.2942， − 0.2797]
双门槛模型	—	34.53	0.00	50	—
门槛 – 21	0.0533 ***	—	—	—	[0.0350，0.0562]
门槛 – 22	0.0570 ***	—	—	—	[0.0565，0.0654]
三门槛模型	0.6054	10.67	0.54	50	[0.4735，0.6161]
农业 FDI – EC 门槛估计					
单门槛模型	0.2004	2.78	0.60	50	[0.1995，0.2020]
非农业 FDI – EC 门槛估计					
单门槛模型	− 0.2730	2.63	0.68	50	[− 0.2741， − 0.2700]

注：*、**和***分别表示门槛值在10%、5%和1%水平下显著。

根据以上门槛效应检验结果，我们分别对式（6 – 1）、式（6 – 2）、式（6 – 3）进行估计，得到结果如表6 – 5所示。一方面，无论是否考虑门槛效应，农业 FDI 和农业生产条件都是农业 TFP 和技术进步的显著正向影响因素，当不考虑门槛效应时，非农业 FDI 对农业 TFP 和技术进步也存在积极的溢出效应。另一方面，农业和非农业 FDI 都对农业技术效率没有显著影响，说明 FDI 主要是靠促进农业技术进步来影响农业 TFP 增长的，即 FDI 可以促使农业技术边界前移，但对各个省份与技术边界间的距离没有明显的作用。

从门槛模型的估计结果可以看出，只有落在门槛区间1（AC > − 0.2801）的省份可以享受到农业 FDI 对农业 TFP 和技术进步的促进作用，1998 年有4个省份满足这一条件，分别为北京、上海、广东、重庆，而在 2013 年，除海南、青海和宁夏外，区间1内的省份达到 27 个，说明我国各省份吸收能力整体上有所提高。非农业 FDI 对农业 TFP 的溢出效应在各个区间均为正，但其对区间1内（0.0533 < AC≤0.0570）省份溢出效应最大，即吸收能力与 FDI 溢出效应存在倒"U"形关系，这与一些学者的研究结果一致（Girma，2005；何兴强等，2014），

表 6－5　FDI—TFP 回归分析结果

自变量	固定效应 TFP	门槛模型 AFDI－TFP	门槛模型 NAFDI－TFP	固定效应 TC	门槛模型 AFDI－TC	门槛模型 NAFDI－TC	固定效应 EC
lnTFP_1 滞后期 TFP	0.952*** (72.85)	0.942*** (26.97)	0.956*** (41.22)	—	—	—	—
lnTC_1 滞后期技术进步	—	—	—	0.957*** (81.68)	0.947*** (28.50)	0.960*** (43.43)	—
lnEC_1 滞后期技术效率	—	—	—	—	—	—	0.980*** (49735.55)
lnAFDI_1 滞后期农业 FDI	0.00015** (2.52)	—	0.00017*** (3.20)	0.00015** (2.56)	—	0.00017*** (3.23)	－0.0000000513 (－0.76)
lnNAFDI 非农 FDI	0.00020** (2.46)	0.00021 (1.44)	—	0.00018** (2.31)	0.00020 (1.38)	—	－0.0000000186 (－0.22)
lnhum 人力资本	0.00009 (0.47)	0.00005 (0.26)	－0.00001 (－0.05)	0.00009 (0.46)	0.00005 (0.26)	－0.00001 (－0.06)	0.00000000398 (0.18)
lnAPC 农业生产条件	0.00100*** (5.35)	0.00096** (2.13)	0.00085** (2.57)	0.00099*** (5.43)	0.00096** (2.05)	0.00085** (2.49)	0.000000000886 (0.04)
lnINF 地区基础设施	0.00006 (0.24)	0.00015 (0.55)	0.00003 (0.15)	0.00005 (0.22)	0.00013 (0.49)	0.00002 (0.10)	－0.00000000950 (－0.33)
lnAC 吸收能力	0.00004 (0.22)	0.00004 (0.21)	0.00014 (0.75)	0.00015** (2.56)	0.00001 (0.07)	0.00012 (0.65)	－0.0000000393 (－0.22)

续表

自变量	固定效应 TFP	门槛模型 AFDI – TFP	门槛模型 NAFDI – TFP	固定效应 TC	门槛模型 AFDI – TC	门槛模型 NAFDI – TC	固定效应 EC
门槛区间							
0	—	0.00010	0.00017*	—	0.00010	0.00016*	—
	—	(1.36)	(1.85)	—	(1.39)	(1.76)	—
1	—	0.00013*	0.00026*	—	0.00013*	0.00025*	—
	—	(1.86)	(1.99)	—	(1.88)	(1.92)	—
2	—	—	0.00016*	—	—	0.00015	—
	—	—	(1.74)	—	—	(1.65)	—
样本数	420	420	420	420	420	420	420
R²	0.9945	0.9948	0.9952	0.9948	0.9950	0.9953	1.0000
F	9828.37	7512.61	9905.25	12161.22	11246.82	11884.67	1030000000

注：括号内为 t 值，*、**和***分别表示在 10%、5%和 1%水平下显著。门槛区间 0：$AC \leq \varphi_1$；门槛区间 1：$AC > \varphi_1$ 或 $\varphi_1 < AC \leq \varphi_2$；门槛区间 2：$AC > \varphi_2$。

由于吸收能力较弱的地区学习能力较差，而吸收能力较强的地区学习空间较小，因此，位于中间区域的省接收到的溢出效应最大。1998 年位于区间 0 内的省份有 29 个，位于区间 2 内的只有重庆市。2013 年位于区间 0 内的省份有 11 个，位于区间 2 内的省份有 19 个。

【结语】

本章利用中国省级面板数据，采用随机前沿法测算农业 TFP，并对全要素生产率进行分解，建立非动态面板门槛模型考察 FDI 对农业 TFP 的影响以及吸收能力的门槛作用。结果显示，技术进步是农业 TFP 增长的主要来源，FDI 主要通过影响农业技术进步对 TFP 产生促进作用；FDI 对农业 TFP 和技术进步都存在积极的影响，但对农业技术效率无显著影响；在农业 FDI 对农业 TFP 的影响中存在吸收能力的单门槛效应，吸收能力较高的地区可以受到农业 FDI 的正向影响；在非农业 FDI 对农业 TFP 的溢出效应中存在吸收能力的双门槛效应，吸收能力处于中间水平的地区接收的正向溢出效应最大。

第七章　涉农企业如何更好地利用外资

一、同行业 FDI 对涉农企业全要素生产率的影响

Cohen 和 Levinthal（1990）认为，外商投资企业可能会有意地防止技术泄露，与此同时，国内企业的技术水平还不足以识别和吸收来自外企的知识溢出。本书对涉农企业的研究结果进一步支持了 Cohen 和 Levinthal 的猜想——发展中国家本地企业距离行业技术前沿较远，难以从 FDI 水平溢出中获益。而行业中的其他外企由于技术水平较高、吸收能力较强，可以从同行业外企获得正向的人员流动效应，同时也会遭受示范效应和竞争效应带来的负面影响，除水平溢出效应之外，FDI 还会对外企全要素生产率产生积极的直接影响。

如果外企成功将一种新技术运用到实践中，将会刺激其竞争企业产生获得该技术的动力，最终至少有一部分企业能够学习到这种新技术，从而促进了企业TFP 提高。前文提到的有关 FDI 水平溢出效应的研究并未考虑门槛效应对 FDI 溢出的潜在影响，也未考虑可能存在多种溢出渠道。本书通过建立门槛模型，考察了涉农企业从同行业 FDI 中获益的能力是否受其吸收能力（取决于企业与行业技术前沿的距离）的影响。对于涉农外企和内资企业，各 FDI 影响渠道（直接影响、水平溢出、示范效应、竞争效应和人员流动效应）中都存在两个吸收能力门

槛值。结果显示，FDI对各吸收能力水平下的外企均存在积极的直接影响，靠近行业技术前沿的企业可以获得正向的FDI溢出效应，远离技术前沿的企业会受到负向FDI溢出的影响。对于吸收能力处于中间水平的外企，存在负的示范效应和竞争效应，总FDI水平溢出效应为负。而对于吸收能力中等的内资企业来说，存在显著为正的示范效应，总FDI水平溢出效应不显著。

此外，研究结果表明参与出口市场、扩大企业规模对涉农企业TFP增长存在积极影响。同时，加强员工培训、开发新产品可以促进涉农内资企业TFP提高。

根据以上结论，FDI进入市场后，随着时间的推移可能会出现这样的情况：吸收能力较高的涉农企业（那些"最接近"技术前沿的企业）会从FDI溢出中获得新知识、技术以及全要素生产率的提高，从而仍然紧贴不断发展的技术前沿。而吸收能力较弱的涉农企业受到FDI溢出的负面影响，距不断发展的技术前沿越来越远，争夺资本和劳动力等资源的竞争力下降。在没有外部干预的情况下，落后企业终将退出该行业。在发展中国家，当引入外资时，如果市场中现有企业与外企带来的新技术边界相距甚远，则国内企业可能需要一段时间才能从FDI溢出中获得一定的收益。以我国涉农企业为例，人力资本投入的增加可以加强国内企业利用潜在溢出效应的能力——吸收能力。此外，中国FDI来源的多样化也使我国涉农企业获益的可能性增加。

二、上下游FDI对涉农企业全要素生产率的溢出效应

总体来看，FDI对我国涉农企业全要素生产率产生了显著的垂直溢出效应，但不同渠道的溢出效应有明显的差异，具体如下：

首先，对于外商投资企业，上下游FDI对其没有显著的溢出效应。但由于上游外资供应商产品质量和技术含量较高，吸收能力较强的下游外企可以从前向溢出中获益。随着产品质量的提高以及下游需求的增加，产品价格也随之升高，吸收能力较弱的企业将会遭受前向溢出带来的负面影响。而下游FDI并不能显著地

促进高吸收能力外企 TFP 进步，同时，对低吸收能力外企存在消极的后向溢出和逆向溢出效应。

其次，对于涉农内资企业，下游外企增加使附近区域的土地和劳动力等要素价格上涨，从而使其他企业的生产成本增加，TFP 下降。对于任何吸收能力水平的涉农内资企业，下游 FDI 产生的后向溢出均显著为负，外企与其供应商签订的"排他性条款"也使下游企业难以从逆向溢出获益。同时，上游外企带来的高质量投入品使吸收能力较强的涉农内资企业获得积极的生产率溢出，而吸收能力较弱的企业更易受到投入品价格上涨的消极影响。

最后，省内外 FDI 对涉农外企和内资企业产生的溢出效应不尽相同。省内 FDI 比来自省外的 FDI 溢出效应更大。省内同行业 FDI 可以对涉农企业产生积极的示范效应，而省外 FDI 产生的示范效应为负。此外，省内 FDI 还会造成涉农企业的人员流失，从而对 TFP 产生负向溢出，而省外 FDI 可以为涉农外企带来积极的人员流动效应，说明外企员工跨省流动更倾向于进入外商投资企业而不是内资企业。另外，对于吸收能力较高的涉农企业，省内 FDI 人员流动效应带来的正向溢出高于省外 FDI。除示范效应和人员流动效应外，来自省内的上游 FDI 还会对涉农外企产生较大的负向溢出，对于吸收能力较强的涉农内资企业，省内上下游 FDI 产生的正向溢出更大。

三、FDI 溢出中创新的中介作用

第一，与制造业领域研究结论不同，FDI 可以通过示范效应、人员流动效应与后向溢出对中国涉农企业产生负向直接溢出。目前，关于中国制造业企业的研究表明，外企可以对国内企业产生积极的示范作用，外企人员的流入也可以为国内企业带来新知识从而提高企业全要素生产率，而下游外企可以通过为国内供应商提供技术支持对其产生积极影响。由于我国涉农企业多为小规模企业，且与外企之间技术差距较大，难以通过对外企的模仿获取技术进步，因此，多采用技术

引进的方式获得新技术，虽使企业创新产出增加，但同时增加了企业成本，对TFP产生了负向影响。同时，与外企相比，国内涉农企业对人才的吸引力较低，同行业外企的增加使企业员工流失，从而对创新和TFP产生负向影响。我国涉农外企更倾向于进口投入品，使国内企业面临一定的销售压力，全要素生产率降低。此外，来自外企的竞争压力以及上游FDI的增加可以促进国内涉农企业TFP提升。

第二，由于涉农外商独资企业通常拥有更先进的技术和更强的市场竞争力，因此，与中外合资企业相比，其对国内企业TFP产生的示范效应和竞争效应更强。下游外商独资企业更倾向于进口投入品，从而对国内涉农企业TFP产生较强的负向溢出效应。此外，中外合资企业中国人员等要素较多，总体来看，可以对国内涉农企业产生积极的人员流动效应。同时，上游外商独资企业可以为下游国内涉农企业提供高技术含量投入品，从而促进其TFP增长，而上游中外合资企业增加使投入品价格上涨，且其产品技术含量较低，从而使国内涉农企业生产成本增加，全要素生产率降低。

第三，企业创新在FDI对涉农企业全要素生产率的溢出中起到了较强的遮掩作用，各溢出渠道中间接影响占直接影响的比例均高于80%。其中，FDI示范效应、人员流动效应、后向溢出和逆向溢出可以通过创新对国内涉农企业产生积极的间接影响，从而削弱了负向直接溢出效应。此外，三种专利产出中发明专利所起的中介作用较强，示范效应、后向溢出和逆向溢出对TFP产生的正向间接影响均来自于发明专利产出的增加。同时，由于外观设计专利和实用新型专利技术含量较低，企业专注于此类创新将会挤占发明专利开发投入，不利于企业TFP提升。

第四，本书分别采用研发支出和职工教育支出作为创新投入的衡量指标，得到的创新投入与产出方程估计结果有所差别，在创新投入方程中，示范效应使企业研发支出增加，职工教育支出减少，而人员流动效应、竞争效应和前向溢出只对企业职工教育支出存在显著影响。此外，在创新产出方程中，职工教育支出对企业创新产出的正向影响高于研发支出。因此，在创新投入中考虑隐性知识的影响是有必要的。

四、六大地区 FDI 溢出效应比较

分地区估计结果显示，FDI 对各地区涉农企业全要素生产率的示范效应均显著为负。除示范效应外，下游 FDI 也会对华北地区涉农企业 TFP 产生消极影响，此外，华北地区 FDI 溢出效应主要来自区域外外商投资企业，区域外同行业 FDI 可以通过竞争效应激励该地区涉农企业 TFP 进步，区域外下游 FDI 也可以对其产生积极的后向溢出效应。

对于东北地区涉农企业，同行业 FDI 对其存在积极的人员流动效应和负向竞争效应，上游 FDI 也可以通过提供高质量投入品促进其全要素生产率提升。此外，区域内同行业 FDI 可以对该地区涉农企业产生积极的人员流动效应，而区域外同行业 FDI 可以对涉农企业起到较好的示范作用，同时来自区域外的下游 FDI 也可以促进涉农企业 TFP 提高。

在华东地区，涉农企业可以受到外企竞争压力的激励，努力提升自身 TFP，但同行业外资增加会造成涉农企业一定程度的人员流失，不利于生产率发展。此外，上下游 FDI 增加也对该地区涉农企业全要素生产率提高有较强的抑制作用。其中，区域内 FDI 产生的示范效应和人员流动效应较大，而垂直溢出主要来自于区域外 FDI。

FDI 对中南地区涉农企业存在负向竞争效应和人员流动效应，下游 FDI 也不利于该地区涉农企业 TFP 发展。此外，区域内同行业 FDI 可以通过示范效应促进该地区涉农企业 TFP 进步，区域外 FDI 可以对其产生正向的人员流动以及良性的竞争压力。区域内上下游外资的增加均不利于涉农企业 TFP 提升，而区域外下游 FDI 可以对其产生正向溢出。

对于西南地区涉农企业，上游 FDI 可以促进其全要素生产率提高，而下游 FDI 会对其产生消极的后向溢出。与东北地区类似，区域内同行业 FDI 可以对该地区涉农企业产生正向的人员流动，上游 FDI 增加同样对企业 TFP 存在正向溢出，而区域外 FDI 对涉农企业起到了较好的示范作用。

平均来看，FDI 对西北地区涉农企业不存在显著的正向溢出效应，但区域内 FDI 可以对其产生积极的示范效应、人员流动效应和后向溢出，而区域外 FDI 可以通过竞争效应和前向溢出促进该地区涉农企业全要素生产率提高。

总的来看，发达地区受负向 FDI 示范效应的影响较小，同时可以从外企的竞争压力中获得激励，但同行业外企增加会使其面临人员流失问题，相反，在欠发达的东北地区，外企可以为当地涉农企业带来积极的人员流动效应，上游 FDI 也可以促进东北地区和西南地区涉农企业 TFP 进步。此外，受地理优势和交通基础设施的影响，华东地区受区域内 FDI 的影响较大，而东北地区、西北地区和西南地区等欠发达地区，水平溢出主要来自区域内 FDI，垂直溢出主要来自区域外 FDI。

五、优化涉农领域外资利用

（一）提高涉农企业创新能力

创新可以极大地削弱 FDI 对涉农企业全要素生产率的负向溢出，同时，涉农企业与外企技术差距越小，吸收能力越强，接收到的正向溢出效应越大。此外，如果企业过多地依赖于模仿外企来获得新技术，将会遭受负向示范效应的影响，使企业 TFP 水平下降。因此，涉农企业应致力于自主创新，提高自身的创新能力和技术水平，缩小与行业技术前沿之间的距离。同时，加大研发和员工培训的投入，可以提高企业的吸收能力，吸收能力较强的涉农企业也更容易获得正向 FDI 溢出效应。

此外，政府也应采取相应措施来鼓励企业自主创新：①加快科研成果商业化的速度。例如：完善知识产权保护体系，在创新过程中，不同企业所需的知识产权保护方式往往是不同的，因此，应为涉农企业提供更为灵活多样的知识产权保护；简化公共科研成果转化程序，公共科研机构的成果向企业转化对实现企业创新十分重要；进一步鼓励公共科研人员参与创办企业，科研人员与高校学生往往具备创业所需的条件，但很多时候，他们缺乏相应的行动自由，应允许科研人员投入更多时间创办企业。②加大对企业创新的资助力度。例如：进一步完善企业技术创新基金，设立针对涉农企业的创新基金，支持初创企业，支持突破性创新项目等。

（二）鼓励外资进入农业领域，并鼓励涉农内资企业与省内下游外企建立联系

研究结果显示，企业外资存量增加对涉农企业全要素生产率增长有较好的促进作用，因此，应鼓励涉农企业与外商进行合作，积极引入外商投资。此外，对于吸收能力较强的涉农企业，同行业外企可以对其产生积极的示范效应和人员流动效应，FDI 还可以通过竞争效应对高吸收能力的涉农企业 TFP 产生促进作用，同时，对吸收能力较弱的内资企业没有显著的负向影响。因此，政府应鼓励外资进入农业领域，涉农企业也应提高自身吸收能力和技术水平，以更好地从水平溢出中获益。

曾有学者提出应当鼓励外企从本地企业购买投入从而产生溢出（Alfaro 等，2004），本书对涉农企业的研究结果显示，由于在中国这样的发展中国家，外企更倾向于进口质量更高的中间投入，从而使涉农内资企业面临一定的销售压力，全要素生产率下降，且对于吸收能力较强的内资企业，同样存在消极的后向溢出效应。然而，吸收能力较强的涉农外企并不受该负向溢出的影响。但省内外 FDI 溢出效应估计结果显示，来自省内的下游 FDI 可以对涉农内资企业产生一定的正向溢出，因此，涉农内资企业应注重与省内下游外企之间的联系，政府也应鼓励省内外企从涉农内企购买投入。

（三）鼓励外商建立中外合资企业

一方面，由于中外合资企业内中方有一定的决策权力；另一方面，合资企业

中往往有更多的中国人员等要素。这样使国内企业更容易学习外企的先进技术和管理经验，合资企业也更倾向于从本地购买投入，从而对国内涉农企业全要素生产率产生正向影响。此外，合资企业还会为涉农内资企业带来积极的人员流动效应，因此，政府应鼓励外企与国内涉农企业的技术合作，加强劳动市场的灵活性以促进员工流动，从而使国内企业获得正向溢出。同时，也要注重合资对象以及合作产品的选择。

（四）企业应根据自身情况选择应对外资进入的策略

对于涉农内资企业来说，应努力提高自身人才吸引力，积极吸引有外企工作经验的员工，同时，可以向省内同行业外企学习，以获得新知识和新技术。对于吸收能力较强的涉农内资企业，由于省内人员流动效应对其产生的正向溢出更大，因此，应特别关注和吸引当地的人才，同时从上游外企购买高质量的投入和设备也会对企业全要素生产率有很好的促进作用。而对于吸收能力较弱的企业，可以通过直接引进外资来获得积极的影响，同时增加研发和人员培训投入来提升吸收能力。

对于涉农外企，同样应注重对省内外企的学习和模仿，同时减少人员向省内其他外企的流出，避免向省内上游外企购买投入。吸收能力水平较高的涉农外企从省内同行业 FDI 中获益较多，此外，向省外上游外企购买中间投入也可以使该类企业获得更大的正向生产率溢出。

（五）针对不同地区的具体情况制定外资引进政策

对于发达地区涉农企业，应注重对人才吸引力的提升，减少 FDI 带来的人员流失，注意控制外企进入带来的投入品价格上涨，对于欠发达地区，应努力提高涉农企业市场竞争力，加强与上游外企尤其是其他地区上游外企的联系，政府应鼓励跨区域的企业交易，降低运输成本，完善区域间交通基础设施。

对于农业技术水平落后的地区，政府应鼓励其进行自主农业技术研发，从而平衡各地农业技术发展，使技术进步和技术效率同时促进全要素生产率的增长。

由于不同吸收能力水平下，引进外资对农业 TFP 的影响不同，因此，在未来进行外资引进时，政府应根据各省份吸收能力水平制定相应的政策。对于吸收能力极低的地区，只有非农业 FDI 可以对其产生正向溢出效应，在这些地区应减少农业 FDI 的引进，同时，对其农业研究机构和研究企业给予财政上的支持，鼓励自主研发；吸收能力中等和吸收能力较高的省份可以同时享受农业和非农业 FDI 对 TFP 的促进作用，对于这些地区，应鼓励其引进外商直接投资，加大对技术引进型外资的支持力度。为了使 FDI 正向溢出效应最大化，政府应培养技术水平落后地区的吸收能力，如：增加研发投入、完善网络等实体基础设施建设、提升教育水平，使其达到吸收能力和吸收潜力的平衡。

参考文献

[1] Ackerberg, D. A. , Caves, K. , Frazer, G. Identification Properties of Recent Production Function Estimators [J] . Econometrica, 2015, 83 (6): 2411 –2451.

[2] Aigner, D. , Lovell, C. A. K. , Schmidt, P. Formulation and Estimation of Stochastic Frontier Production Function Models [J] . Journal of Econometrics, 1977, 6 (1): 21 –37.

[3] Aitken, B. J. , Harrison, A. E. Do Domestic Firms Benefit from Direct Foreign Investment? Evidence from Venezuela [J] . American Economic Review, 1999, 89 (3): 605 –618.

[4] Alfaro, L. , Rodríguez – Clare, A. , Hanson, G. H. , et al. Multinationals and Linkages: An Empirical Investigation [J] . Economía, 2004, 4 (2): 113 –169.

[5] Alhakimi, S. FDI and Long – term Economic Growth in Egypt [J] . Journal of Global Economy, 2017, 13 (1): 65 –74.

[6] Arundel, A. , Smith, K. , Patel, P. , et al. The Future of Innovation Measurement in Europe: Concepts, Problems and Practical Direction [R]. IDEAPaperSeries, 3, Step Group, 1998.

[7] Audretsch, B. Agglomeration and the Location of Innovative Activity [J].

Oxford Review of Economic Policy, 1998, 14 (2): 18 – 29.

[8] Baron, R. M., Kenny, D. A. The Moderator – Mediator Variable Distinction in Social Psychological Research: Conceptual, Strategic, and Statistical Considerations [J]. Journal of Personality and Social Psychology, 1986, 51 (6): 1173.

[9] Barrios, S., Strobl, E. Foreign Direct Investment and Productivity Spillovers: Evidence from the Spanish Experience [J]. Weltwirtschaftliches Archiv, 2002, 138 (3): 459 – 481.

[10] Battese, G. E., Coelli, T. J. Frontier Production Functions, Technical Efficiency and Panel Data: With Application to Paddy Farmers in India [J]. Journal of Productivity Analysis, 1992, 3 (1/2): 153 – 169.

[11] Baumann, J., Kritikos, A. S. The Link Between R&D, Innovation and Productivity: Are Micro Firms Different? [J]. Research Policy, 2016, 45 (6): 1263 – 1274.

[12] Becheikh, N., Landry, R., Amara, N. Lessons from Innovation Empirical Studies in the Manufacturing Sector: A Systematic Review of the Literature from 1993 – 2003 [J]. Technovation, 2006, 26 (5 – 6): 644 – 664.

[13] Belderbos, R., Capannelli, G., Fukao, K. Backward Vertical Linkages of Foreign Manufacturing Affiliates: Evidence from Japanese Multinationals [J]. World Development, 2001, 29 (1): 189 – 208.

[14] Benavente, J. The Role of Research and Innovation in Promoting Productivity in Chile [J]. Economics of Innovation and New Technology, 2006, 15 (4 – 5): 301 – 315.

[15] Beneki, C., Giannias, D., Moustakas, G. Innovation and Economic Performance: The Case of Greek SMEs [J]. Regional and Sectoral Economic Studies, 2012, 12 (1): 43 – 54.

[16] Blalock, G., Gertler, P. J. Welfare Gains from Foreign Direct Investment

through Technology Transfer to Local Suppliers [J]. Journal of International Economics, 2008, 74 (2): 402 – 421.

[17] Blalock, G., Gertler, P. J. How Firm Capabilities Affect Who Benefits from Foreign Technology [J]. Journal of Development Economics, 2009, 90 (2): 192 – 199.

[18] Blomström, M., Kokko, A. Multinational Corporations and Spillovers [J]. Journal of Economic Surveys, 1998, 12 (3): 247 – 277.

[19] Brandt, L., Van Biesebroeck, J., Zhang, Y. Creative Accounting or Creative Destruction? Firm – level Productivity Growth in Chinese Manufacturing [J]. Journal of Development Economics, 2012, 97 (2): 339 – 351.

[20] Cai, H., Liu, Q. Competition and Corporate Tax Avoidance: Evidence from Chinese Industrial Firms [J]. The Economic Journal, 2009, 119 (537): 764 – 795.

[21] Campos, N. F., Kinoshita, Y. Foreign Direct Investment as Technology Transferred: Some Panel Evidence from the Transition Economies [J]. The Manchester School, 2002, 70 (3): 398 – 419.

[22] Caves, R. E. International Corporations: The Industrial Economics of Foreign Investment [J]. Economica, 1971, 38 (149): 1 – 27.

[23] Caves, R. E. Multinational Firms, Competition, and Productivity in Host – country Markets [J]. Economica, 1974, 41 (162): 176 – 193.

[24] Charnes, A., Cooper, W. W., Rhodes, E. Measuring the Efficiency of Decision Making Units [J]. European Journal of Operational Research, 1978, 2 (6): 429 – 444.

[25] Chen, Y., Lin, M. J., Chang, C. The Positive Effects of Relationship Learning and Absorptive Capacity on Innovation Performance and Competitive Advantage in Industrial Markets [J]. Industrial Marketing Management, 2009, 38 (2): 152 – 158.

［26］Chesbrough, H., Liang, F. H. Return to R&D Investment and Spillovers in the Chinese Semiconductor Industry: A Tale of Two Segments ［C］//2008 Industry Studies Conference Paper, 2008.

［27］Cheung, K. Y., Lin, P. Spillover Effects of FDI on Innovation in China: Evidence from the Provincial Data ［J］. China Economic Review, 2004, 15（1）: 25 – 44.

［28］Coe, D. T., Helpman, E., Hoffmaister, A. W. International R&D Spillovers and Institutions ［J］. European Economic Review, 2009, 53（7）: 723 – 741.

［29］Coelli, T., Rao, D. S. P., Battese, G. E. An Introduction to Efficiency and Productivity Analysis ［M］. Massachusetts: Springer Science & Business Media, 1998.

［30］Cohen, W. M., Levinthal, D. A. Absorptive Capacity: A New Perspective on Learning and Innovation ［J］. Administrative Science Quarterly, 1990, 35（1）: 128 – 152.

［31］Cohen, W. M., Levinthal, D. A. Innovation and Learning: The Two Faces of R&D ［J］. The Economic Journal, 1989, 99（397）: 569 – 596.

［32］Conte, A., Vivarelli, M. Succeeding in Innovation: Key Insights on the Role of R&D and Technological Acquisition Drawn from Company Data ［J］. Empirical Economics, 2014, 47（4）: 1317 – 1340.

［33］Crepon, B., Duguet, E., Mairessec, J. Research, Innovation and Productivity: An Econometric Analysis at the Firm Level ［J］. Economics of Innovation and New Technology, 1998, 7（2）: 115 – 158.

［34］Crespo – Cuaresma, J., Foster, N., Scharler, J., et al. On the Determinants of Absorptive Capacity: Evidence from OECD Countries ［R］. 2004.

［35］Crespo, N., Fontoura, M. P. Determinant Factors of FDI Spillovers – What

Do We Really Know? [J] . World Development, 2007, 35 (3): 410 – 425.

[36] Crossan, M. M. , Apaydin, M. A Multi – dimensional Framework of Organizational Innovation: A Systematic Review of the Literature [J] . Journal of Management Studies, 2010, 47 (6): 1154 – 1191.

[37] Das, S. Externalities, and Technology Transfer through Multinational Corporations A Theoretical Analysis [J] . Journal of International Economics, 1987, 22 (1 – 2): 171 – 182.

[38] De Loecker, J. Do Exports Generate Higher Productivity? Evidence from Slovenia [J] . Journal of International Economics, 2007, 73 (1): 69 – 98.

[39] Démurger, S. , Sachs, J. D. , Woo, W. T. , et al. Geography, Economic Policy, and Regional Development in China [J] . Asian Economic Papers, 2002, 1 (1): 146 – 197.

[40] Driffield, N. The Impact on Domestic Productivity of Inward Investment in the UK [J] . The Manchester School, 2001, 69 (1): 103 – 119.

[41] Duguet, E. Innovation Height, Spillovers and TFP Growth at the Firm Level: Evidence from French Manufacturing [J] . Economics of Innovation and New Technology, 2006, 15 (4 – 5): 415 – 442.

[42] Dunning, J. H. , Lee, C. I. Restructuring the Regional Distribution of FDI: The Case of Japanese and US FDI [J] . Japan and the World Economy, 2007, 19 (1): 26 – 47.

[43] Edwards, J. R. , Lambert, L. S. Methods for Integrating Moderation and Mediation: A General Analytical Framework Using Moderated Path Analysis [J]. Psychological Methods, 2007, 12 (1): 1.

[44] Ernst, C. The FDI – employment Link in A Globalizing World: The Case of Argentina, Brazil and Mexico [J] . Employment Strategy Papers, 2005 (17): 1 – 45.

［45］Färe, R. , Grosskopf, S. , Logan, J. The Relative Performance of Publicly – owned and Privately – owned Electric Utilities ［J］. Journal of Public Economics, 1985, 26（1）: 89 – 106.

［46］Fazlıoğlu, B. , Dalgıç, B. , Yereli, A. B. The Effect of Innovation on Productivity: Evidence from Turkish Manufacturing Firms ［J］. Industry and Innovation, 2019, 26（4）: 439 – 460.

［47］Filippetti, A. , Frenz, M. , Ietto – Gillies, G. The Impact of Internationalization on Innovation at Countries' Level: The Role of Absorptive Capacity ［J］. Cambridge Journal of Economics, 2017, 41（2）: 413 – 439.

［48］Findlay, R. Relative Backwardness, Direct Foreign Investment, and the Transfer of Technology: A Simple Dynamic Model ［J］. The Quarterly Journal of Economics, 1978, 92（1）: 1 – 16.

［49］Fosfuri, A. , Motta, M. , Rønde, T. Foreign Direct Investment and Spillovers through Workers' Mobility ［J］. Journal of International Economics, 2001, 53（1）: 205 – 222.

［50］Fritz, M. S. , MacKinnon, D. P. Required Sample Size to Detect the Mediated Effect ［J］. Psychological Science, 2007, 18（3）: 233 – 239.

［51］Fu, X. Foreign Direct Investment, Absorptive Capacity and Regional Innovation Capabilities: Evidence from China ［J］. Oxford Development Studies, 2008, 36（1）: 89 – 110.

［52］Furman, J. L. , Porter, M. E. , Stern, S. The Determinants of National Innovative Capacity ［J］. Research Policy, 2002, 31（6）: 899 – 933.

［53］Girma, S. Absorptive Capacity and Productivity Spillovers from FDI: A Threshold Regression Analysis ［J］. Oxford bulletin of Economics and Statistics, 2005, 67（3）: 281 – 306.

［54］Girma, S. , Wakelin, K. Regional Underdevelopment: Is FDI the Solution? A Semiparametric Analysis ［R］. CEPR Discussion Papers 2995, 2001.

［55］Glass, A. J. , Saggi, K. Multinational Firms and Technology Transfer ［J］. Scandinavian Journal of Economics, 2002, 104（4）: 495 – 513.

［56］Globerman, S. Foreign Direct Investment and Spillover Efficiency Benefits in Canadian Manufacturing Industries ［J］. The Canadian Journal of Economics, 1979, 12（1）: 42 – 56.

［57］Gorodnichenko, Y. , Svejnar, J. , Terrell, K. When Does FDI Have Positive Spillovers? Evidence from 17 Transition Market Economies ［J］. Journal of Comparative Economics, 2014, 42（4）: 954 – 969.

［58］Griffith, R. , Huergo, E. , Mairesse, J. , et al. Innovation and Productivity across four European Countries ［J］. Oxford Review of Economic Policy, 2006, 22（4）: 483 – 498.

［59］Griffith, R. , Redding, S. , Reenen, J. R&D and Absorptive Capacity: Theory and Empirical Evidence ［J］. Scandinavian Journal of Economics, 2003, 105（1）: 99 – 118.

［60］Griliches, Z. Issues in Assessing the Contribution of Research and Development to Productivity Growth ［J］. Bell Journal of Economics, 1979, 10（1）: 92 – 116.

［61］Haddad, M. , Harrison, A. Are There Positive Spillovers from Direct Foreign Investment?: Evidence from Panel Data for Morocco ［J］. Journal of Development Economics, 1993, 42（1）: 51 – 74.

［62］Hall, B. H. , Mairesse, J. Exploring the Relationship between R&D and Productivity in French Manufacturing Firms ［J］. Journal of Econometrics, 1995, 65（1）: 263 – 293.

［63］Hall, B. H. , Lotti, F. , Mairesse, J. Innovation and Productivity in

SMEs: Empirical Evidence for Italy [J]. Small Business Economics, 2009, 33 (1): 13 –33.

[64] Hamida, L. B., Gugler, P. Are There Demonstration – related Spillovers from FDI? [J]. International Business Review, 2009, 18 (5): 494 –508.

[65] Hansen, B. E. Threshold Effects in Non – dynamic Panels: Estimation, Testing, and Inference [J]. Journal of Econometrics, 1999, 93 (2): 345 –368.

[66] Hansen, S. O., Wakonen, J. Innovation, A Winning Solution? [J]. International Journal of Technology Management, 1997, 13 (4): 345 –358.

[67] Harhoff, D. R&D and Productivity in German Manufacturing firms [J]. Economics of Innovation and New Technology, 1998, 6 (1): 29 –50.

[68] Havranek, T., Irsova, Z. Estimating Vertical Spillovers from FDI: Why Results Vary and What the True Effect Is [J]. Journal of International Economics, 2011, 85 (2): 234 –244.

[69] Hayes, A. F. Beyond Baron and Kenny: Statistical Mediation Analysis in the New Millennium [J]. Communication Monographs, 2009, 76 (4): 408 –420.

[70] Hunter, L., Webster, E., Wyatt, A. Accounting for Expenditure on Intangibles [J]. Abacus, 2012, 48 (1): 104 –145.

[71] Hymer, S. The International Operations of International Firms: A Study of Direct Foreign Investment [D]. Boston, MA: Massachusetts Institute of Technology, 1960.

[72] Jaffe, A. B., Trajtenberg, M., Henderson, R. Geographic Localization of Knowledge Spillovers as Evidenced by Patent Citations [J]. The Quarterly Journal of Economics, 1993, 108 (3): 577 –598.

[73] Janz, N., Lööf, H., Peters, B. Firm Level Innovation and Productivity – is There A Common Story Across Countries? [R]. ZEW Discussion Paper 2, 2003.

[74] Javorcik, B. S. Does Foreign Direct Investment Increase the Productivity of Domestic Firms? In Search of Spillovers Through Backward Linkages [J] . American Economic Review, 2004, 94 (3): 605 – 627.

[75] Jordaan, J. A. Determinants of FDI – induced Externalities: New Empirical Evidence for Mexican Manufacturing Industries [J] . World Development, 2005, 33 (12): 2103 – 2118.

[76] Jude, C. Technology Spillovers from FDI. Evidence on the Intensity of Different Spillover Channels [J] . World Economy, 2016, 39 (12): 1947 – 1973.

[77] Kalirajan, K. P. , Obwona, M. B. , Zhao, S. A Decomposition of Total Factor Productivity Growth: The Case of Chinese Agricultural Growth before and after Reforms [J] . American Journal of Agricultural Economics, 1996, 78 (2): 331 – 338.

[78] Keller, W. Geographic Localization of International Technology Diffusion [J] . American Economic Review, 2002, 92 (1): 120 – 142.

[79] Khachoo, Q. , Sharma, R. , Dhanora, M. Does Proximity to the Frontier Facilitate FDI – spawned Spillovers on Innovation and Productivity? [J] . Journal of Economics and Business, 2018 (97): 39 – 49.

[80] Kinoshita, Y. R&D and Technology Spillovers through FDI: Innovation and Absorptive Capacity [R] . CEPR Discussion Papers, 2001.

[81] Klette, T. J. , Johansen, F. Accumulation of R&D Capital and Dynamic Firm Performance: A Not – so – Fixed Effect Model [G] // The Economics and Econometrics of Innovation. Boston, MA, 2000.

[82] Koh, P. S. , Reeb, D. M. Missing R&D [J] . Journal of Accounting and Economics, 2015, 60 (1): 73 – 94.

[83] Koizumi, T. , Kopecky, K. J. Economic Growth, Capital Movements and the International Transfer of Technical Knowledge [J] . Journal of International Eco-

nomics, 1977, 7 (1): 45 – 65.

[84] Kokko, A. Technology, Market Characteristics, and Spillovers [J]. Journal of Development Economics, 1994, 43 (2): 279 – 293.

[85] Konings, J. The Effects of Foreign Direct Investment on Domestic Firms [J]. Economics of Transition and Institutional Change, 2001, 9 (3): 619 – 633.

[86] Krogstrup, S., Matar, L. Foreign Direct Investment, Absorptive Capacity and Growth in the Arab World [R]. IHEID Working Papers, Economics Section, The Graduate Institute of International Studies, 2005.

[87] Kumbhakar, S. C., Denny, M., Fuss, M. Estimation and Decomposition of Productivity Change When Production Is not Efficient: A Paneldata Approach [J]. Econometric Reviews, 2000, 19 (4): 312 – 320.

[88] Lall, S. Vertical Inter – Firm Linkages in Ldcs: An Empirical Study [J]. Oxford Bulletin of Economics and Statistics, 1980, 42 (3): 203 – 226.

[89] Lane, P. J., Koka, B. R., Pathak, S. The Reification of Absorptive Capacity: A Critical Review and Rejuvenation of the Construct [J]. Academy of Management Review, 2006, 31 (4): 833 – 863.

[90] Lane, P. J., Salk, J. E., Lyles, M. A. Absorptive Capacity, Learning, and Performance in International Joint Ventures [J]. Strategic Management Journal, 2001, 22 (12): 1139 – 1161.

[91] Lau, A. K. W., Lo, W. Regional Innovation System, Absorptive Capacity and Innovation Performance: An Empirical Study [J]. Technological Forecasting and Social Change, 2015 (92): 99 – 114.

[92] Laura, M., Universit, P., Schiantarelli, F., et al. Productivity, Innovation and R&D: Micro Evidence for Italy [J]. European Economic Review, 2006, 50 (8): 2037 – 2061.

［93］Leung, H. M. Total Factor Productivity Growth in Singapore's Manufacturing Industries ［J］. Applied Economics Letters, 1997, 4 (8): 525 – 528.

［94］Li, G. Research on the Causal Relations between FDI and Environmental Pollution ［J］. Journal of International Trade, 2007 (6): 105 – 109.

［95］Li, X., Liu, X., Parker, D. Foreign Direct Investment and Productivity Spillovers in the Chinese Manufacturing Sector ［J］. Economic Systems, 2001, 25 (4): 305 – 321.

［96］Liang, F. H. Does Foreign Direct Investment Improve the Productivity of Domestic Firms? Technology Spillovers, Industry Linkages, and Firm Capabilities ［J］. Research Policy, 2017, 46 (1): 138 – 159.

［97］Lichtenberg, F. R., Siegel, D. The Impact of R&D Investment on Productivity – New Evidence Using Linked R&D – Lrd Data ［J］. Economic Inquiry, 1991, 29 (2): 203 – 229.

［98］Lin, P., Saggi, K. Multinational Firms, Eexclusivity, and Backward Linkages ［J］. Journal of International Economics, 2007, 71 (1): 206 – 220.

［99］Liu, X. The Main Characteristics and Effects of China's Inward Foreign Direct Investment ［J］. University of Birmingham, 2007, 73 (1): 69 – 98.

［100］Lööf, H., Heshmati, A. Knowledge Capital and Performance Heterogeneity: A Firm – level Innovation Study ［J］. International Journal of Production Economics, 2002, 76 (1): 61 – 85.

［101］Lööf, H., Heshmati, A. On the Relationship between Innovation and Performance: A Sensitivity Analysis ［J］. Economics of Innovation and New Technology, 2006, 15 (4 – 5): 317 – 344.

［102］Lorentzen, J., Mollgaard, P. H. Vertical Restraints and Technology Transfer: Inter – firm Agreements in Eastern Europe's Car Component Industry ［R］.

2000.

[103] Lu, Y., Tao, Z., Zhu, L. Identifying FDI Spillovers [J]. Journal of International Economics, 2017, 107 (4): 75 – 90.

[104] Macdougall, G. D. A. The Benefits and Costs of Private Investment from A-broad: A Theoretical Approach [J]. Economic Record, 1960, 36 (73): 13 – 35.

[105] MacKinnon, D. P., Lockwood, C. M., Williams, J. Confidence Limits for the Indirect Effect: Distribution of the Product and Resampling Methods [J]. Multivariate Behavioral Research, 2004, 39 (1): 99 – 128.

[106] Mairesse, J., Sassenou, M. R&D Productivity: A Survey of Econometric Studies at the Firm Level [R]. National Bureau of Economic Research, 1991.

[107] Marcin, K. How does FDI Inflow Affect Productivity of Domestic Firms? The Role of Horizontal and Vertical Spillovers, Absorptive Capacity and Competition [J]. The Journal of International Trade & Economic Development, 2008, 17 (1): 155 – 173.

[108] Markusen, J. R., Venables, A. J. Foreign Direct Investment as A Catalyst for Industrial Development [J]. European Economic Review, 1999, 43 (2): 335 – 356.

[109] Marquis, D. G. The Anatomy of Successful Innovation [J]. Innovation, 1969 (1): 35 – 48.

[110] Meeus, M. T. H., Oerlemans, L. A. G., Hage, J. Patterns of Interactive Learning in A High – tech Region [J]. Organization Studies, 2001, 22 (1): 145 – 172.

[111] Meeusen, W., Van, J. Technical Efficiency and Dimension of the Firm: Some Results on the Use of Frontier Production Functions [J]. Empirical Economics, 1977, 2 (2): 109 – 122.

[112] Merlevede, B., Schoors, K., Spatareanu, M. FDI Spillovers and Time Since Foreign Entry [J]. World Development, 2014 (56): 108 – 126.

[113] Mollisi, V. , Rovigatti, G. Theory and Practice of TFP Estimation: The Control Function Approach Using Stata [G] . SSRN, 2017.

[114] Mushtaq, M. , Ahmad, K. , Ahmed, S. , et al. Impact of FDI on Income Distribution in Selected SAARC Countries [J] . Journal of Applied Envirionmental and Biological Sciences, 2014, 4 (7S): 1 – 10.

[115] Nair – Reichert, U. , Weinhold, D. Causality Tests for Cross – country Panels: A New Look at FDI and Economic Growth in Developing Countries [J]. Oxford Bulletin of Economics and Statistics, 2001, 63 (2): 153 – 171.

[116] Nicolini, M. , Resmini, L. FDI Spillovers in New EU Member States [J]. Economics of Transition and Institutional Change, 2010, 18 (3): 487 – 511.

[117] Nieto, M. , Quevedo, P. Absorptive Capacity, Technological Opportunity, Knowledge Spillovers, and Innovative Effort [J] . Technovation, 2005, 25 (10): 1141 – 1157.

[118] Nishimizu, M. , Page, J. M. Total Factor Productivity Growth, Technological Progress and Technical Efficiency Change: Dimensions of Productivity Change in Yugoslavia 1965 – 1978 [J] . The Economic Journal, 1982, 92 (368): 920 – 936.

[119] Olley, G. S. , Pakes, A. The Dynamics of Productivity in the Telecommunications Equipment Industry [J] . Econometrica, 1996, 64 (6): 1263 – 1297.

[120] Orlic, E. , Hashi, I. , Hisarciklilar, M. Cross Sectoral FDI Spillovers and Their Impact on Manufacturing Productivity [J] . International Business Review, 2018, 27 (4): 777 – 796.

[121] Pack, H. , Saggi, K. Vertical Technology Transfer Via International Outsourcing [J] . Journal of Development Economics, 2001, 65 (2): 389 – 415.

[122] Parisi, M. L. , Schiantarelli, F. , Sembenelli, A. Productivity, Innovation and R&D: Micro Evidence for Italy [J] . European Economic Review, 2006, 50

(8)：2037 - 2061.

[123] Peters, B. , Roberts, M. J. , Voung, V. A. , et al. Estimating Dynamic R&D Demand：An Analysis of Costs and Long - Run Benefits Introduction - Linking R&D and Firm Performance [R] . 2013.

[124] Ponomareva, N. Are There Positive or Negative Spillovers from Foreign - owned to Domestic Firms [R] . 2000.

[125] Qiong, Z. , Minyu, N. Influence Analysis of FDI on China's Industrial Structure Optimization [J] . Procedia Computer Science, 2013 (17)：1015 - 1022.

[126] Rodríguez - Clare, A. Multinationals, Linkages, and Economic Development [J] . The American Economic Review, 1996, 86 (4)：852 - 873.

[127] Schoors, K. J. L. , Merlevede, B. FDI and the Consequences towards More Complete Capture of Spillover Effects [R] . William Davidson Institute Working Paper, 2007.

[128] Schumpeter, J. A. The Theory of Economic Development [G] //Cambridge：Harvard University Press. Harvard, 1934.

[129] Sinani, E. , Meyer, K. E. Spillovers of Technology Transfer from FDI：The Case of Estonia [J] . Journal of Comparative Economics, 2004, 32 (3)：445 - 466.

[130] Sjöholm, F. Technology Gap, Competition and Spillovers from Direct Foreign Investment：Evidence from Establishment Data [J] . The Journal of Development Studies, 1999, 36 (1)：53 - 73.

[131] Solow, R. M. Technical Change and the Aggregate Production Function [J] . The Review of Economics and Statistics, 1957, 39 (3)：312 - 320.

[132] Spencer, S. J. , Zanna, M. P. , Fong, G. T. Establishing A Causal Chain：Why Experiments are Often More Effective than Mediational Analyses in Examining Psychological Processes [J] . Journal of Personality and Social Psychology, 2005,

89 (6): 845.

[133] Stančík, J. FDI Spillovers in the Czech Republic: Takeovers vs. Greenfields [R]. Directorate General Economic and Financial Affairs (DG ECFIN), European Commission, 2009.

[134] Takii, S. Productivity Spillovers and Characteristics of Foreign Multinational Plants in Indonesian Manufacturing 1990 – 1995 [J]. Journal of Development Economics, 2005, 76 (2): 521 – 542.

[135] Taveira, J. G., Gonçalves, E., Freguglia, R. D. S. The Missing Link between Innovation and Performance in Brazilian Firms: A Panel Data Approach [J]. Applied Economics, 2019, 51 (33): 3632 – 3649.

[136] Tinbergen, J. Professor Douglas' Production Function [J]. Review of the International Statistical Institute, 1942, 10 (1/2): 37 – 48.

[137] Tsai, W. Knowledge Transfer in Intraorganizational Networks: Effects of Network Position and Absorptive Capacity on Business Unit Innovation and Performance [J]. Academy of Management Journal, 2001, 44 (5): 996 – 1004.

[138] Wang, J. Y., Blomström, M. Foreign Investment and Technology Transfer. A Simple Model [J]. European Economic Review, 1992, 36 (1): 137 – 155.

[139] Wei, Z., Varela, O., Hassan, M. K. Ownership and Performance in Chinese Manufacturing Industry [J]. Journal of Multinational Financial Management, 2002, 12 (1): 61 – 78.

[140] Wu, Y. Is China's Economic Growth Sustainable? A Productivity Analysis [J]. China Economic Review, 2000, 11 (3): 278 – 296.

[141] Young, A. Gold into Base Metals: Productivity Growth in the People's Republic of China During the Reform Period [J]. Journal of Political Economy, 2003, 111 (6): 1220 – 1261.

[142] Yu, M. Processing Trade, Tariff reductions and Firm Productivity: Evidence from Chinese Firms [J]. The Economic Journal, 2015, 125 (585): 943 – 988.

[143] Zahra, S. A., George, G. Absorptive Capacity: A Review, Reconceptualization, and Extension [J]. Academy of Management Review, 2002, 27 (2): 185 – 203.

[144] Zhang, Y., Li, H., Li, Y., et al. FDI Spillovers in An Emerging Market: The Role of Foreign Firms' Country Origin Diversity and Domestic Firms' Absorptive Capacity [J]. Strategic Management Journal, 2010, 31 (9): 969 – 989.

[145] Zhao, X., Lynch, J. G., Chen, Q. Reconsidering Baron and Kenny: Myths and Truths about Mediation Analysis [J]. Journal of Consumer Research, 2010, 37 (2): 197 – 206.

[146] 白俊红, 吕晓红. FDI 质量与中国环境污染的改善 [J]. 国际贸易问题, 2015 (8): 72 – 83.

[147] 崔新健, 章东明. 逆向技术转移和逆向技术溢出的内涵研究 [J]. 中国科技论坛, 2016 (12): 78 – 82.

[148] 程惠芳, 岑丽君. FDI、产业结构与国际经济周期协动性研究 [J]. 经济研究, 2010 (9): 18 – 29.

[149] 陈卫平. 中国农业生产率增长, 技术进步与效率变化：1990～2003 年 [J]. 中国农村观察, 2006 (1): 18 – 23.

[150] 陈涛涛. 中国 FDI 行业内溢出效应的内在机制研究 [J]. 世界经济, 2003 (9): 23 – 28.

[151] 陈灿煌. 农业外商直接投资与农民收入增长的动态关系 [J]. 经济评论, 2007 (5): 47 – 52.

[152] 董文英. 中国 FDI 技术溢出效应的地区异质性研究 [D]. 宁波：宁波大学, 2015.

［153］邓进.中国高新技术产业研发资本存量和研发产出效率［J］.南方经济，2007（8）：56-64.

［154］付婷婷，杨斌.西藏科技进步贡献率的测算与分析［J］.价格月刊，2011（1）：83-87.

［155］冯海发，李桂娥.农业总生产率研究［J］.山西农业大学学报（自然科学版），1985（2）：140-145.

［156］方杰，张敏强.中介效应的点估计和区间估计：乘积分布法、非参数Bootstrap 和 MCMC 法［J］.心理学报，2012，44（10）：1408-1420.

［157］高峰.考虑到气候因素影响的农业全要素生产率测算［D］.成都：西南财经大学，2008.

［158］何兴强，欧燕，史卫等.FDI 技术溢出与中国吸收能力门槛研究［J］.世界经济，2014（10）：52-76.

［159］何兴强，王利霞.中国 FDI 区位分布的空间效应研究［J］.经济研究，2008（11）：137-150.

［160］胡春力.提高我国自主创新能力的产业重点与主要对策［J］.宏观经济研究，2006（11）：5-12.

［161］韩孟孟，张三峰，顾晓光.信息共享能提升企业生产率吗？——来自中国制造业企业调查数据的证据［J］.产业经济研究，2020（1）：42-56.

［162］韩超，朱鹏洲，王震.外资产业准入政策对企业全要素生产率的溢出效应——逆全球化思潮下吸引外商投资政策再思考［J］.财经问题研究，2018（7）：32-39.

［163］黄凌云，吴维琼.FDI 技术外溢与技术差距的门槛效应——基于中国工业企业的实证研究［J］.财经科学，2013（3）：52-59.

［164］黄静.吸收能力对 FDI 技术外溢的影响——基于工业层面及生产力非参数估计方法的研究［J］.财贸经济，2007（5）：26-32.

［165］吉生保，杨旭丹，王晓珍等．外商研发投资与东道国市场创新绩效：现状、关系和影响路径［J］．中央财经大学学报，2016（7）：81－92．

［166］金晓琳．农业外商直接投资与农业全要素生产率关系研究［D］．重庆：重庆大学，2016．

［167］刘宏，李述晟．FDI 对我国经济增长、就业影响研究——基于 VAR 模型［J］．国际贸易问题，2013（4）：105－114．

［168］吕立才，熊启泉．我国农业利用 FDI 30 年：实践及理论研究进展［J］．国际贸易问题，2010（2）：83－90．

［169］李京文，乔根森，郑友敬等．生产率与中美日经济增长［M］．北京：中国社会科学出版社，1993．

［170］李健，付军明，卫平．FDI 溢出、人力资本门槛与区域创新能力——基于中国省际面板数据的实证研究［J］．贵州财经大学学报，2016，34（1）：10．

［171］李子奈，潘文卿．计量经济学［M］．北京：高等教育出版社，2000．

［172］李宏．技术效率与规模效率的 DEA 分析——兼论前沿生产函数的估计［J］．预测，1996（2）：55＋58－59．

［173］李福柱，杨跃峰．全要素生产率增长率的测算方法应用述评［J］．济南大学学报（社会科学版），2013（2）：69－73＋97．

［174］罗茜．FDI 与收入分配［J］．经济与管理研究，2008（12）：81－86．

［175］鲁晓东，连玉君．中国工业企业全要素生产率估计：1999－2007［J］．经济学（季刊），2012，11（2）：541－558．

［176］孟令杰，李新华．FDI 对我国农业全要素生产率的影响研究［J］．农业经济与管理，2014（1）：12－20．

［177］马巍，王春平，李旭．农业 FDI 的技术溢出效应——基于 27 省面板门槛模型实证分析［J］．经济地理，2016（7）：167－172．

［178］聂辉华，江艇，杨汝岱．中国工业企业数据库的使用现状和潜在问题 ［J］．世界经济，2012（5）：142 – 158．

［179］彭建平，李永苍．FDI 存量、R&D 存量与自主创新——基于省际动态面板 GMM 估计的实证研究 ［J］．经济经纬，2014，31（1）：79 – 83．

［180］潘丹．考虑资源环境因素的中国农业生产率研究 ［D］．南京：南京农业大学，2012．

［181］钱锡红，杨永福，徐万里．企业网络位置、吸收能力与创新绩效——一个交互效应模型 ［J］．管理世界，2010（5）：125 – 136．

［182］史清琪，秦宝庭，陈警．技术进步与经济增长 ［M］．北京：科学技术文献出版社，1985．

［183］沈必扬，王晓明．基于吸纳能力、技术机遇和知识溢出的企业创新绩效分析 ［J］．科技进步与对策，2006，23（4）：126 – 129．

［184］石慧，孟令杰，王怀明．中国农业生产率的地区差距及波动性研究——基于随机前沿生产函数的分析 ［J］．经济科学，2008，30（3）：20 – 33．

［185］滕玉华，刘长进，王树柏．FDI 的技术溢出与农业生产率——基于中部省份的实证研究 ［J］．兰州财经大学学报，2012，28（2）：29 – 33．

［186］陶锋．吸收能力、价值链类型与创新绩效——基于国际代工联盟知识溢出的视角 ［J］．中国工业经济，2011（1）：142 – 152．

［187］文东伟，冼国明，马静．FDI、产业结构变迁与中国的出口竞争力 ［J］．管理世界，2009，4（96）：107．

［188］温忠麟，张雷，侯杰泰等．中介效应检验程序及其应用 ［J］．心理学报，2004（5）：614 – 620．

［189］王志刚，龚六堂，陈玉宇．地区间生产效率与全要素生产率增长率分解（1978 – 2003）［J］．中国社会科学，2006（2）：55 – 66．

［190］王燕飞，曾国平．FDI、就业结构及产业结构变迁 ［J］．世界经济研

究，2006（7）：51-57.

［191］王雪珂．外国直接投资与我国的出口竞争力：基于行业差异的实证分析［J］．国际贸易问题，2007（11）：95-103.

［192］冼国明，严兵．FDI对中国创新能力的溢出效应［J］．世界经济，2005（10）：18-25.

［193］谢千里，罗斯基，张轶凡．中国工业生产率的增长与收敛［J］．经济学（季刊），2008，7（3）：809-826.

［194］谢千里，罗斯基，郑玉歆．论国营工业生产率［J］．经济研究，1994（10）：77-80.

［195］严启发．农业利用外资的现状、问题与建议［J］．中国外资，2003（1）：14-19.

［196］余淼杰．中国的贸易自由化与制造业企业生产率［J］．经济研究，2010（12）：97-110.

［197］姚树洁，冯根福，韦开蕾．外商直接投资和经济增长的关系研究［J］．经济研究，2006（12）：36-47.

［198］姚洋．非国有经济成分对我国工业企业技术效率的影响［J］．经济研究，1998，12（29）：16-21.

［199］姚洋，章奇．中国工业企业技术效率分析［J］．经济研究，2001（10）：13-19+28+95.

［200］杨巍．外国资本流入与我国农业安全——基于价格传导机制的分析［J］．南京农业大学学报（社会科学版），2009，9（1）：25-29.

［201］袁小慧，范金．建国70年中国全要素生产率的演化趋势与结构分解［J］．南京社会科学，2019（7）：2.

［202］周志专．中国农业利用FDI的生产率效应研究［D］．武汉：武汉大学，2014.

［203］左媚．我国农业 FDI 偏少的原因研究［D］．海口：海南大学，2013．

［204］张军，吴桂英，张吉鹏．中国省际物质资本存量估算：1952－2000［J］．经济研究，2004（10）：35－44．

［205］张启龙．以高质量为目标的制造业企业创新对生产率提升的影响张启龙［J］．调研世界，2019（7）：9－14．

［206］张国初．前沿生产函数、要素使用效率和全要素生产率［J］．数量经济技术经济研究，1996（9）：27－33．

［207］张天顶．FDI 对中国经济增长影响的实证研究［J］．世界经济研究，2004（10）：73－78．

［208］张敏．试论我国对农业领域外商直接投资的管制［J］．南京农业大学学报（社会科学版），2008，8（4）：88－91．

［209］张杰，李勇，刘志彪．出口与中国本土企业生产率——基于江苏制造业企业的实证分析［J］．管理世界，2008（11）：57－71．

［210］张治河，冯陈澄，李斌等．科技投入对国家创新能力的提升机制研究［J］．科研管理，2014，35（4）：151－162．

［211］张海洋．R&D 两面性、外资活动与中国工业生产率增长［J］．经济研究，2005（5）：107－117．

［212］郑玉歆，张晓，张思奇．技术效率、技术进步及其对生产率的贡献——沿海工业企业调查的初步分析［J］．数量经济技术经济研究，1995（12）：20－27．

附　录

附表1　涉农企业全要素生产率估计结果

因变量	lnY			
估计方法	（1）ACF	（2）OP	（3）LP	（4）WRDG
lnL 劳动投入	0.461*** （977.68）	0.416*** （139.08）	0.416*** （220.10）	0.571*** （208.69）
lnIN 专利产出	−0.001 （−1.52）	−0.008 （−1.55）	−0.008*** （−2.80）	−0.017*** （−6.01）
lnK 资本投入	0.321*** （6062.54）	0.266*** （153.46）	0.286*** （21.06）	0.222*** （73.35）
a 企业年龄	−0.006*** （−22.88）	−0.002 （−0.24）	−0.001 （−0.34）	−0.001 （−0.32）
STATE 是否国有	−0.614*** （−4968.02）	−0.597*** （−66.27）	−0.628*** （−62.98）	−0.204*** （−19.40）
EX 是否出口	0.250*** （298.00）	0.270*** （27.79）	0.250*** （76.50）	−0.035*** （−9.46）
N	406544	406544	406544	273491

注：括号中为t值，*、**和***分别表示在10%、5%和1%水平下显著。

附表 2　1998~2013 年各省份涉农企业外商投资占比　　　单位:%

年份 省份	1998	1999	2000	2001	2002	2003	2004	2005	2006	2007	2008	2009	2010	2011	2012	2013
广东	35.26	33.70	29.56	34.37	29.21	31.02	21.33	21.87	19.30	17.17	10.47	16.47	20.05	23.83	22.47	30.04
江苏	20.77	19.15	19.70	16.89	18.15	14.07	19.31	18.60	22.32	24.83	20.08	25.66	28.98	41.32	54.46	40.20
山东	15.23	16.52	19.19	17.97	19.93	21.64	21.69	24.63	21.22	20.17	29.61	14.34	5.24	5.92	4.29	6.62
浙江	9.17	10.67	11.04	11.26	14.83	15.65	22.60	19.95	23.11	24.78	25.32	28.34	30.14	21.99	7.81	11.84
福建	7.65	9.13	8.77	8.22	7.83	8.55	7.80	7.69	7.86	6.45	8.51	8.10	7.85	2.80	1.02	2.97
上海	4.74	4.42	5.33	5.29	4.00	3.22	2.82	2.76	2.14	1.82	1.35	1.97	2.34	0.32	4.63	2.09
河南	1.35	0.87	0.43	0.45	0.31	0.24	0.17	0.17	0.11	0.51	0.10	0.33	0.47	0.12	0.03	0.28
天津	1.22	0.98	1.41	1.27	0.51	0.45	0.33	0.24	0.22	0.20	0.18	0.18	0.23	0.57	1.53	0.81
河北	0.96	1.06	1.02	0.79	1.12	1.55	0.81	0.87	0.80	0.57	0.76	0.71	0.68	0.33	0.25	0.29
辽宁	0.89	0.96	1.36	1.29	1.93	1.99	1.94	1.94	1.56	2.12	1.92	2.24	2.42	1.64	2.52	3.06
北京	0.75	0.81	0.49	0.62	0.54	0.30	0.20	0.16	0.13	0.12	0.05	0.11	0.15	0.11	0.22	0.19
广西	0.54	0.53	0.61	0.53	0.43	0.33	0.20	0.19	0.22	0.24	0.41	0.33	0.29	0.15	0.18	0.10
湖北	0.37	0.33	0.20	0.20	0.26	0.26	0.16	0.21	0.18	0.16	0.20	0.19	0.18	0.03	0.04	0.09
黑龙江	0.27	0.24	0.18	0.14	0.19	0.14	0.07	0.08	0.15	0.15	0.17	0.17	0.17	0.00	0.00	0.09
吉林	0.25	0.23	0.22	0.25	0.17	0.09	0.16	0.16	0.15	0.15	0.15	0.17	0.19	0.26	0.16	0.35
内蒙古	0.22	0.05	0.16	0.12	0.16	0.05	0.04	0.03	0.02	0.07	0.14	0.10	0.08	0.00	0.01	0.01
江西	0.10	0.06	0.06	0.06	0.09	0.11	0.08	0.08	0.12	0.11	0.27	0.18	0.13	0.04	0.02	0.02
四川	0.08	0.06	0.06	0.05	0.10	0.08	0.07	0.09	0.08	0.10	0.13	0.12	0.11	0.04	0.04	0.02
安徽	0.07	0.08	0.06	0.08	0.08	0.16	0.12	0.19	0.17	0.17	0.10	0.15	0.18	0.34	0.30	0.87
湖南	0.03	0.06	0.06	0.05	0.04	0.02	0.04	0.02	0.08	0.03	0.02	0.03	0.03	0.00	0.00	0.00
陕西	0.02	0.01	0.01	0.01	0.02	0.01	0.01	0.01	0.01	0.01	0.01	0.01	0.02	0.01	0.01	0.01
山西	0.02	0.02	0.00	0.00	0.01	0.01	0.01	0.01	0.00	0.00	0.00	0.00	0.00	0.00	0.00	0.00
海南	0.01	0.02	0.03	0.03	0.03	0.03	0.04	0.03	0.04	0.01	0.01	0.01	0.01	0.00	0.01	0.00
云南	0.01	0.01	0.01	0.01	0.01	0.01	0.01	0.01	0.00	0.01	0.01	0.04	0.01	0.01	0.01	0.01
新疆	0.01	0.02	0.01	0.00	0.01	0.00	0.00	0.00	0.01	0.01	0.01	0.03	0.00	0.00	0.00	0.02
重庆	0.01	0.01	0.00	0.00	0.00	0.00	0.00	0.00	0.00	0.00	0.00	0.00	0.00	0.00	0.00	0.00
甘肃	0.01	0.00	0.00	0.01	0.01	0.01	0.00	0.00	0.00	0.00	0.00	0.00	0.00	0.00	0.00	0.00
宁夏	0.00	0.00	0.00	0.00	0.00	0.00	0.00	0.00	0.00	0.00	0.00	0.00	0.00	0.00	0.00	0.00
贵州	0.00	0.00	0.00	0.00	0.00	0.00	0.00	0.00	0.00	0.00	0.00	0.00	0.00	0.00	0.00	0.00
青海	0.00	0.00	0.00	0.00	0.00	0.00	0.00	0.00	0.00	0.00	0.00	0.00	0.00	0.00	0.00	0.00

附表3　1998～2013年各行业涉农企业外商投资占比　　　　单位:%

年份 行业	1998	1999	2000	2001	2002	2003	2004	2005	2006	2007	2008	2009	2010	2011	2012	2013
1. 棉麻毛丝绢纺织及印染	43.98	47.35	47.20	43.62	44.20	48.59	50.71	49.75	49.76	49.17	49.05	49.27	49.42	46.35	41.21	41.79
2. 农副食品加工	24.36	26.31	24.96	26.19	28.05	28.19	29.24	30.09	28.82	26.92	30.83	28.13	26.17	30.64	33.37	32.42
3. 饲料加工	8.83	8.01	7.64	6.48	5.79	4.75	4.27	3.88	3.89	3.72	4.17	3.95	3.80	3.45	3.74	4.24
4. 农业机械制造及修理	6.29	3.86	4.04	5.09	4.18	1.61	1.79	2.04	2.30	2.43	1.52	2.05	2.44	4.69	6.64	6.63
5. 皮革毛皮羽毛绒加工	6.16	5.27	5.52	6.45	6.37	5.13	4.84	5.31	5.24	6.65	5.14	6.15	6.89	4.41	3.30	4.21
6. 谷物磨制	3.21	2.79	3.12	2.22	1.68	2.22	1.76	1.87	1.31	1.44	1.34	1.37	1.39	2.47	2.66	2.88
7. 木材竹材采运及加工	3.05	1.85	3.42	4.36	3.66	4.22	2.41	2.74	2.50	2.82	2.02	2.44	2.75	4.08	3.75	2.69
8. 农药制造	1.79	1.80	1.29	2.02	2.12	2.02	1.82	1.88	2.75	1.85	1.85	1.88	1.91	1.47	2.01	1.89
9. 肥料制造	1.45	1.56	1.52	1.78	2.04	1.87	1.95	1.56	2.18	3.56	2.53	3.18	3.65	1.51	1.96	1.78
10. 兽用药品	0.51	0.44	0.37	0.51	0.49	0.45	0.41	0.26	0.38	0.42	0.48	0.46	0.43	0.34	0.52	0.58
11. 茶加工	0.30	0.47	0.58	0.91	1.01	0.61	0.43	0.43	0.43	0.45	0.46	0.47	0.47	0.34	0.47	0.57
12. 林产化学品	0.08	0.29	0.33	0.35	0.40	0.36	0.35	0.18	0.44	0.56	0.61	0.65	0.68	0.25	0.36	0.31

附表 4 同行业 FDI – TFP 总样本与平衡面板数据估计结果比较

因变量	内资企业 TFP		外企 TFP	
	平衡面板	总样本	平衡面板	总样本
lna	0. 085 ***	0. 132 ***	– 0. 139 **	– 0. 255 ***
	(9. 32)	(81. 95)	(– 2. 10)	(– 6. 86)
EX	0. 287 ***	0. 330 ***	0. 286 ***	0. 243 ***
	(15. 70)	(104. 71)	(11. 28)	(30. 02)
STATE	– 0. 583 ***	– 0. 541 ***	– 0. 367 ***	– 0. 411 ***
	(– 23. 24)	(– 92. 19)	(– 5. 68)	(– 15. 89)
lnSH^{CD}	– 0. 266 **	– 0. 664 ***	– 0. 345 **	– 0. 852 ***
	(– 2. 51)	(– 37. 74)	(– 2. 19)	(– 14. 01)
SCALE	0. 338 ***	0. 291 ***	0. 265 ***	0. 168 ***
	(24. 80)	(130. 73)	(9. 78)	(16. 24)
lnD	0. 005 ***	– 0. 012 ***	– 0. 028 ***	– 0. 025 ***
	(3. 13)	(– 39. 31)	(– 10. 75)	(– 21. 64)
lnRD	– 0. 036 **	0. 015 ***	0. 013	– 0. 016 **
	(– 2. 26)	(3. 75)	(0. 47)	(– 2. 10)
lnEDU	0. 101 ***	0. 084 ***	0. 039	0. 045 ***
	(3. 92)	(13. 28)	(1. 14)	(3. 89)
lnNEWP	0. 006 ***	0. 003 ***	0. 005 *	– 0. 014 ***
	(3. 36)	(6. 80)	(1. 69)	(– 8. 59)
$\widehat{lnFDI}$	—	—	0. 440 ***	0. 532 ***
	—	—	(5. 72)	(10. 51)
lnSH	– 0. 698 **	– 3. 193 ***	– 3. 154 ***	– 4. 273 ***
	(– 2. 45)	(– 64. 76)	(– 5. 26)	(– 18. 09)
lnSH^{L}	– 0. 990 ***	0. 381 ***	1. 935 ***	1. 673 ***
	(– 4. 37)	(9. 49)	(4. 85)	(13. 06)
lnSH^{CF}	– 1. 644 *	– 4. 295 ***	– 8. 632 ***	– 5. 074 ***
	(– 1. 89)	(– 26. 28)	(– 6. 33)	(– 14. 44)
样本数	6656	406544	2624	54670
R^2	0. 2868	0. 2070	0. 2539	0. 2017
F	208. 71	6548. 39	64. 05	829. 24

注：括号中为 t 值，*、**和***分别表示在10%、5%和1%水平下显著。

附表 5　同行业 FDI 对 TFP（OP）的影响估计结果

因变量	外企 TFP - OP					内资企业 TFP - OP				
核心变量	（1）直接影响	（2）水平溢出	（3）示范效应	（4）人员流动效应	（5）竞争效应	（6）固定效应	（7）水平溢出	（8）示范效应	（9）人员流动效应	（10）竞争效应
lna	0.105	0.093	-0.330**	-0.334***	-0.288**	-0.135***	-0.074***	-0.050**	-0.054***	-0.037*
	(0.89)	(0.73)	(-2.49)	(-2.82)	(-2.40)	(-5.19)	(-3.65)	(-2.47)	(-2.69)	(-1.89)
EX	0.160***	0.148**	0.151**	0.155**	0.146**	-0.055	0.090**	0.122***	0.079*	0.117***
	(3.08)	(2.52)	(2.46)	(2.58)	(2.60)	(-1.08)	(2.33)	(2.90)	(1.96)	(3.00)
STATE	0.166	0.251**	0.447***	0.446***	0.361***	0.519***	0.278***	0.395***	0.341***	0.265***
	(1.57)	(2.20)	(3.85)	(3.68)	(2.84)	(7.30)	(5.16)	(7.04)	(6.62)	(5.48)
$lnSH^{CD}$	-0.391*	-0.512	-1.489***	-1.899***	-1.738***	-0.134	0.219	-0.420	-1.268***	-1.192***
	(-1.81)	(-1.55)	(-3.95)	(-6.42)	(-5.53)	(-0.48)	(0.87)	(-1.61)	(-6.25)	(-6.14)
SCALE	0.195***	0.202***	0.108*	0.0719	0.118**	0.284***	0.137***	0.141***	0.123***	0.108***
	(3.87)	(3.79)	(1.95)	(1.33)	(2.30)	(7.32)	(4.19)	(4.31)	(3.75)	(3.62)
lnD	0.006*	0.005	-0.017***	-0.015***	-0.008	-0.004	0.006***	-0.015***	-0.017***	-0.016***
	(1.79)	(1.23)	(-3.21)	(-2.87)	(-1.60)	(-1.46)	(3.31)	(-4.70)	(-4.97)	(-5.16)
lnRD	-0.123**	-0.127**	-0.089	-0.092**	-0.102**	0.060	0.023	0.024	0.037	0.024
	(-2.58)	(-2.39)	(-1.64)	(-1.96)	(-2.15)	(1.31)	(0.90)	(0.91)	(1.44)	(0.92)
lnEDU	0.139***	0.173***	0.118**	0.101**	0.137***	0.663***	0.329***	0.330***	0.360***	0.306***
	(3.35)	(3.67)	(2.42)	(2.30)	(3.12)	(8.87)	(6.86)	(6.78)	(6.79)	(5.85)
lnNEWP	0.007	0.007	0.008	0.008	0.008	-0.007	0.006	0.007*	0.002	0.007*
	(1.03)	(0.99)	(1.15)	(1.25)	(1.28)	(-1.32)	(1.46)	(1.83)	(0.53)	(1.91)

因变量	外企 TFP - OP						内资企业 TFP - OP			
核心变量	直接影响	水平溢出	示范效应	人员流动效应	竞争效应	固定效应	水平溢出	示范效应	人员流动效应	竞争效应
	(1)	(2)	(3)	(4)	(5)	(6)	(7)	(8)	(9)	(10)
$\widehat{\ln\text{FDI}}$	—	-0.252*	0.304**	0.290**	0.193	—	—	—	—	—
		(-1.77)	(1.99)	(2.13)	(1.40)					
$\ln\text{SH}$	-1.710**	—	—	-9.748***	-8.416***	-5.345***	—	—	-8.644***	-7.708***
	(-2.55)			(-8.76)	(-7.67)	(-9.16)			(-12.41)	(-11.54)
$\ln\text{SH}^{L}$	—	—	5.276***	—	5.018***	—	—	6.089***	—	5.767***
			(5.67)		(6.50)			(11.59)		(10.87)
$\ln\text{SH}^{CF}$	—	—	-9.478***	-7.030*	—	—	—	-12.88***	-12.09***	—
			(-2.87)	(-1.75)				(-6.34)	(-5.57)	
门槛区间 1	-0.229*	2.542***	-4.069***	8.939***	3.157	—	3.562***	-1.947***	11.85***	-1.344
	(-1.74)	(3.63)	(-3.33)	(10.21)	(0.77)		(7.01)	(-3.10)	(18.03)	(-0.68)
门槛区间 2	-0.327**	-4.666***	-11.29***	4.167***	-7.301*	—	-5.733***	-11.25***	5.539***	-12.57***
	(-2.48)	(-5.95)	(-8.98)	(4.67)	(-1.80)		(-11.89)	(-17.14)	(9.09)	(-6.33)
门槛区间 3	-0.513***	-17.59***	-23.91***	-4.531***	-26.50***	—	-19.59***	-24.72***	-4.282***	-33.10***
	(-3.95)	(-14.21)	(-16.96)	(-3.86)	(-6.02)		(-26.77)	(-32.21)	(-5.37)	(-16.23)
样本数	2624	2624	2624	2624	2624	6656	6656	6656	6656	6656
R^2	0.6562	0.5920	0.6000	0.6090	0.6324	0.0405	0.5508	0.5621	0.5608	0.5911
F	186.37	109.41	97.36	107.07	126.04	26.30	156.97	154.25	176.51	194.89

注：括号中为t值，*，**和***分别表示在10%，5%和1%水平下显著。门槛区间1：$AC \leq \lambda_1$；门槛区间2：$AC \in (\lambda_1, \lambda_2)$；门槛区间3：$AC > \lambda_2$。

外资引进与中国涉农企业全要素生产率：创新的传导作用

附表 6 同行业 FDI 对 TFP（LP）的影响估计结果

因变量	外企 TFP - LP					内资企业 TFP - LP				
核心变量	(1) 直接影响	(2) 水平溢出	(3) 示范效应	(4) 人员流动效应	(5) 竞争效应	(6) 固定效应	(7) 水平溢出	(8) 示范效应	(9) 人员流动效应	(10) 竞争效应
lna	0.106	0.095	-0.352***	-0.316***	-0.284**	-0.135***	-0.069***	-0.043**	-0.050**	-0.040**
	(0.92)	(0.75)	(-2.71)	(-2.66)	(-2.47)	(-5.19)	(-3.39)	(-2.12)	(-2.56)	(-2.07)
EX	0.165***	0.154***	0.155**	0.162***	0.149***	-0.055	0.086**	0.086**	0.092**	0.114***
	(3.20)	(2.63)	(2.56)	(2.71)	(2.66)	(-1.08)	(2.19)	(2.09)	(2.26)	(2.88)
STATE	0.124	0.228**	0.435***	0.423***	0.319**	0.519***	0.280***	0.364***	0.343***	0.240***
	(1.16)	(1.98)	(3.69)	(3.47)	(2.54)	(7.30)	(5.14)	(6.45)	(6.72)	(4.91)
lnSH^{CD}	-0.370*	-0.525	-1.563***	-1.915***	-1.751***	-0.134	0.269	-0.405	-1.198***	-1.180***
	(-1.74)	(-1.58)	(-4.20)	(-6.56)	(-5.69)	(-0.48)	(1.07)	(-1.55)	(-6.05)	(-6.09)
SCALE	0.205***	0.204***	0.105*	0.0776	0.126**	0.284***	0.162***	0.154***	0.139***	0.121***
	(4.06)	(3.83)	(1.90)	(1.44)	(2.46)	(7.32)	(5.09)	(4.78)	(4.36)	(4.09)
lnD	0.007**	0.004	-0.018***	-0.015***	-0.008	-0.004	0.005***	-0.017***	-0.017***	-0.017***
	(2.05)	(1.14)	(-3.46)	(-2.90)	(-1.51)	(-1.46)	(2.98)	(-5.41)	(-5.38)	(-5.47)
lnRD	-0.128**	-0.131**	-0.091	-0.097**	-0.105**	0.060	0.036	0.027	0.022	0.025
	(-2.58)	(-2.42)	(-1.65)	(-2.01)	(-2.15)	(1.31)	(1.40)	(1.00)	(0.80)	(0.97)
lnEDU	0.151***	0.180***	0.120**	0.112**	0.149***	0.663***	0.332***	0.329***	0.328***	0.311***
	(3.66)	(3.81)	(2.46)	(2.53)	(3.35)	(8.87)	(6.86)	(6.37)	(6.24)	(6.05)
lnNEWP	0.010	0.009	0.010	0.011*	0.012*	-0.007	0.005	0.008**	0.006	0.008**
	(1.61)	(1.36)	(1.56)	(1.76)	(1.92)	(-1.32)	(1.34)	(1.99)	(1.47)	(2.10)

· 170 ·

续表

因变量		外企 TFP-LP					内资企业 TFP-LP				
核心变量		(1)	(2)	(3)	(4)	(5)	(6)	(7)	(8)	(9)	(10)
		直接影响	水平溢出	示范效应	人员流动效应	竞争效应	固定效应	水平溢出	示范效应	人员流动效应	竞争效应
$\widehat{\text{lnFDI}}$		—	-0.248*	0.340**	0.265**	0.176	—	—	—	—	—
		—	(-1.76)	(2.28)	(1.98)	(1.34)	—	—	—	—	—
lnSH		-1.772***	—	—	-10.13***	-8.737***	-5.345***	—	—	-8.501***	-7.587***
		(-2.73)	—	—	(-8.88)	(-7.93)	(-9.16)	—	—	(-12.34)	(-11.42)
lnSH^L		—	—	5.547***	—	5.287***	—	—	6.278***	—	5.852***
		—	—	(6.01)	—	(6.91)	—	—	(11.35)	—	(10.79)
lnSH^{CF}		—	—	-9.753***	-7.311*	—	—	—	-12.89***	-12.45***	—
		—	—	(-2.96)	(-1.84)	—	—	—	(-6.70)	(-6.08)	—
门槛区间											
1		-0.244*	2.400***	-4.535***	9.281***	2.881	—	3.469***	-0.914	11.23***	-1.462
		(-1.90)	(3.41)	(-3.71)	(10.48)	(0.70)	—	(6.98)	(-1.39)	(17.32)	(-0.74)
2		-0.342***	-4.817***	-11.77***	4.489***	-7.670*	—	-5.712***	-10.64***	5.128***	-12.73***
		(-2.67)	(-6.13)	(-9.28)	(4.94)	(-1.89)	—	(-12.32)	(-15.91)	(8.52)	(-6.41)
3		-0.528***	-17.73***	-24.38***	-4.028***	-26.61***	—	-19.14***	-24.39***	-4.532***	-33.25***
		(-4.17)	(-14.33)	(-17.09)	(-3.44)	(-6.03)	—	(-25.56)	(-31.35)	(-5.59)	(-16.34)
样本数		2624	2624	2624	2624	2624	6656	6656	6656	6656	6656
R^2		0.6560	0.5895	0.5984	0.6045	0.6309	0.0405	0.5507	0.5535	0.5625	0.5888
F		189.48	108.58	96.66	112.49	130.57	26.30	156.14	152.11	177.26	205.32

注：括号中为 t 值，*、**和***分别表示在10%、5%和1%水平下显著。门槛区间1：AC≤λ_1；门槛区间2：AC∈（λ_1，λ_2）；门槛区间3：AC＞λ_2。

附表 7　同行业 FDI 对 TFP（WRDG）的影响估计结果

因变量	外企 TFP – WRDG					内资企业 TFP – WRDG				
核心变量	(1) 直接影响	(2) 水平溢出	(3) 示范效应	(4) 人员流动效应	(5) 竞争效应	(6) 固定效应	(7) 水平溢出	(8) 示范效应	(9) 人员流动效应	(10) 竞争效应
lna	0.165	0.126	-0.325**	-0.327**	-0.307**	-0.139***	-0.061***	-0.052**	-0.059***	-0.026
	(1.36)	(0.86)	(-2.32)	(-2.46)	(-2.44)	(-5.32)	(-2.95)	(-2.38)	(-2.73)	(-1.33)
EX	0.327***	0.272***	0.284***	0.287***	0.289***	0.243***	0.281***	0.314***	0.303***	0.340***
	(5.81)	(4.10)	(4.19)	(4.34)	(4.52)	(4.76)	(6.98)	(7.53)	(7.35)	(7.98)
STATE	-0.050	0.034	0.248**	0.244**	0.209*	0.123*	0.018	0.169***	0.186***	0.152***
	(-0.44)	(0.32)	(2.30)	(2.15)	(1.78)	(1.72)	(0.33)	(3.11)	(3.73)	(3.16)
$\ln SH^{CD}$	-0.258	-0.530	-1.535***	-1.977***	-1.879***	0.031	0.254	-0.365	-1.058***	-1.203***
	(-1.21)	(-1.62)	(-4.20)	(-6.47)	(-5.78)	(0.11)	(1.01)	(-1.42)	(-5.28)	(-5.99)
SCALE	0.203***	0.215***	0.108**	0.085	0.103*	0.261***	0.130***	0.156***	0.144***	0.107***
	(3.93)	(4.06)	(1.99)	(1.53)	(1.94)	(6.68)	(3.80)	(4.58)	(4.31)	(3.25)
lnD	0.005	0.005	-0.019***	-0.018***	-0.013**	-0.003	0.005***	-0.022***	-0.022***	-0.019***
	(1.37)	(1.13)	(-3.69)	(-3.46)	(-2.42)	(-1.27)	(2.68)	(-7.03)	(-6.65)	(-6.28)
lnRD	-0.161***	-0.142***	-0.100*	-0.104**	-0.119**	0.067	0.027	0.039	0.040	0.018
	(-3.50)	(-2.83)	(-1.97)	(-2.29)	(-2.52)	(1.45)	(0.97)	(1.42)	(1.42)	(0.67)
lnEDU	0.077*	0.201***	0.140**	0.133**	0.133**	0.649***	0.333***	0.304***	0.306***	0.268***
	(1.77)	(3.80)	(2.57)	(2.55)	(2.53)	(8.62)	(6.22)	(5.44)	(5.55)	(5.09)
lnNEWP	0.007	0.015**	0.016**	0.015**	0.017**	-0.006	0.010**	0.008**	0.005	0.010**
	(1.10)	(2.32)	(2.49)	(2.47)	(2.66)	(-1.07)	(2.46)	(1.99)	(1.19)	(2.57)

续表

因变量	外企 TFP－WRDG						内资企业 TFP－WRDG			
	(1)	(2)	(3)	(4)	(5)	(6)	(7)	(8)	(9)	(10)
核心变量	直接影响	水平溢出	示范效应	人员流动效应	竞争效应	固定效应	水平溢出	示范效应	人员流动效应	竞争效应
$\ln\widehat{FDI}$	—	-0.348**	0.248	0.222	0.169	—	—	—	—	—
	—	(-2.03)	(1.50)	(1.39)	(1.14)	—	—	—	—	—
lnSH	-1.349*	—	—	-10.38***	-9.434***	-4.916***	—	—	-9.118***	-8.590***
	(-1.93)	—	—	(-8.97)	(-8.44)	(-8.37)	—	—	(-13.19)	(-12.76)
lnSH^{L}	—	—	5.721***	—	5.553***	—	—	-7.215***	-14.70***	6.473***
	—	—	(6.35)	—	(7.33)	—	—	(12.08)	(-7.06)	(11.52)
lnSH^{CF}	—	—	-11.46***	-9.937**	—	—	—	-15.90***	—	—
	—	—	(-3.42)	(-2.51)	—	—	—	(-8.25)	—	—
门槛区间 1	-0.329**	2.953***	-4.243***	9.751***	0.746	—	3.499***	-0.556	12.67***	-4.541**
	(-2.44)	(3.82)	(-3.55)	(11.14)	(0.19)	—	(7.03)	(-0.85)	(18.20)	(-2.19)
门槛区间 2	-0.423***	-4.180***	-11.45***	5.051***	-9.452**	—	-5.308***	-10.45***	6.455***	-14.68***
	(-3.15)	(-4.90)	(-9.13)	(5.77)	(-2.46)	—	(-10.91)	(-15.41)	(10.13)	(-6.96)
门槛区间 3	-0.605***	-17.94***	-24.85***	-4.004***	-29.68***	—	-19.26***	-24.21***	-3.114***	-33.55***
	(-4.55)	(-13.89)	(-17.06)	(-3.46)	(-7.08)	—	(-26.40)	(-32.05)	(-3.80)	(-15.53)
样本数	2624	2624	2624	2624	2624	6656	6656	6656	6656	6656
R^2	0.6417	0.5768	0.5859	0.5919	0.6150	0.0338	0.5264	0.5327	0.5421	0.5732
F	135.00	102.24	87.44	85.25	96.96	21.82	147.16	151.63	173.54	197.89

注：括号中为 t 值，*、**和***分别表示在 10%、5%和 1%水平下显著。门槛区间 1：$AC \leq \lambda_1$；门槛区间 2：$AC \in (\lambda_1, \lambda_2)$；门槛区间 3：$AC > \lambda_2$。

附表8　上下游 FDI – TFP 总样本与平衡面板数据估计结果比较

因变量	内资企业 TFP		外企 TFP	
	平衡面板	总样本	平衡面板	总样本
lna	0.085 ***	0.145 ***	− 0.159 **	− 0.261 ***
	(9.68)	(86.82)	(− 2.21)	(− 6.82)
EX	0.281 ***	0.322 ***	0.245 ***	0.225 ***
	(16.05)	(88.17)	(9.99)	(28.54)
STATE	− 0.579 ***	− 0.572 ***	− 0.431 ***	− 0.453 ***
	(− 23.53)	(− 93.72)	(− 6.75)	(− 17.88)
lnSH^{CD}	− 0.366 ***	− 0.249 ***	0.080	− 0.012
	(− 3.79)	(− 14.25)	(0.59)	(− 0.30)
SCALE	0.348 ***	0.312 ***	0.296 ***	0.182 ***
	(25.79)	(131.65)	(11.15)	(17.48)
lnD	0.004 ***	− 0.007 ***	− 0.018 ***	− 0.018 ***
	(2.72)	(− 25.04)	(− 6.43)	(− 17.10)
lnRD	− 0.035 **	0.019 ***	0.012	− 0.018 **
	(− 2.19)	(4.22)	(0.43)	(− 2.40)
lnEDU	0.111 ***	0.094 ***	0.052	0.049 ***
	(4.28)	(12.48)	(1.51)	(4.17)
lnNEWP	0.007 ***	0.004 ***	0.006 *	− 0.015 ***
	(3.46)	(7.46)	(1.82)	(− 8.70)
$\widehat{\text{lnFDI}}$	—	—	0.463 ***	0.569 ***
	—	—	(5.34)	(10.40)
lnSH	− 0.579 ***	− 0.064 **	0.819 ***	0.887 ***
	(− 3.86)	(− 2.36)	(3.19)	(10.45)
lnSH^{L}	− 0.319 ***	− 1.348 ***	− 0.984 ***	− 1.725 ***
	(− 2.72)	(− 62.84)	(− 3.92)	(− 16.16)
lnSH^{CF}	− 0.028	− 0.008	− 0.135	− 0.076 ***
	(− 0.44)	(− 0.74)	(− 1.23)	(− 2.66)
lnSB	0.391 ***	0.298 ***	0.077	− 0.015
	(6.75)	(25.62)	(0.74)	(− 0.64)
lnSF	− 1.059 ***	− 0.624 ***	− 2.070 ***	− 0.360 ***
	(− 2.84)	(− 8.13)	(− 4.41)	(− 2.65)

因变量	内资企业 TFP		外企 TFP	
	平衡面板	总样本	平衡面板	总样本
lnSSB	0. 466 ***	0. 229 ***	0. 070	0. 059
	(3. 72)	(7. 57)	(0. 31)	(0. 97)
样本数	6656	351874	2624	54670
R^2	0. 2927	0. 2100	0. 2550	0. 2016
F	171. 75	4537. 29	52. 30	673. 43

注：括号中为 t 值，＊、＊＊和＊＊＊分别表示在 10%、5% 和 1% 水平下显著。

附表 9　上下游 FDI 对 TFP（OP）溢出效应估计结果

因变量	外企 TFP – OP			内资企业 TFP – OP		
核心变量	lnSB	lnSF	lnSSB	lnSB	lnSF	lnSSB
lna	0. 093	− 0. 351 **	0. 087	0. 211 ***	0. 206 ***	0. 539 ***
	(0. 38)	(− 2. 16)	(0. 36)	(3. 55)	(4. 05)	(8. 12)
EX	− 0. 147	− 0. 205 **	− 0. 321 ***	− 0. 091	− 0. 085	− 0. 198 **
	(− 1. 33)	(− 2. 12)	(− 2. 66)	(− 1. 31)	(− 1. 29)	(− 2. 49)
STATE	0. 285 **	0. 161	0. 309	0. 427 ***	0. 258 ***	0. 299 ***
	(2. 08)	(1. 23)	(1. 62)	(5. 06)	(3. 43)	(3. 16)
lnSH^{CD}	− 2. 553 ***	− 2. 707 ***	− 4. 359 ***	− 1. 446 ***	− 1. 810 ***	− 3. 572 ***
	(− 4. 12)	(− 5. 60)	(− 8. 85)	(− 4. 13)	(− 6. 62)	(− 10. 66)
SCALE	0. 451 ***	0. 310 ***	0. 438 ***	0. 381 ***	0. 306 ***	0. 451 ***
	(5. 22)	(4. 51)	(5. 63)	(7. 64)	(7. 70)	(8. 98)
lnD	0. 095 ***	0. 156 ***	0. 274 ***	0. 055 **	0. 088 ***	0. 166 ***
	(3. 27)	(4. 87)	(6. 39)	(2. 55)	(4. 31)	(6. 06)
lnRD	− 0. 096	− 0. 043	− 0. 084	0. 048	0. 072 **	0. 072 **
	(− 1. 33)	(− 0. 84)	(− 1. 24)	(1. 50)	(2. 54)	(2. 11)
lnEDU	0. 219 ***	0. 120 **	0. 222 ***	0. 435 ***	0. 385 ***	0. 505 ***
	(3. 19)	(2. 35)	(3. 97)	(6. 38)	(6. 24)	(7. 27)
lnNEWP	− 0. 004	0. 015 *	0. 004	− 0. 0003	0. 006	0. 011 *
	(− 0. 47)	(1. 88)	(0. 45)	(− 0. 06)	(1. 41)	(1. 93)
$\widehat{lnFDI}$	0. 072	0. 624 ***	0. 599 **	—	—	—
	(0. 23)	(3. 19)	(2. 26)	—	—	—

续表

因变量	外企 TFP – OP			内资企业 TFP – OP		
核心变量	lnSB	lnSF	lnSSB	lnSB	lnSF	lnSSB
lnSH	– 13. 70 ***	– 8. 094 ***	– 16. 40 ***	– 12. 70 ***	– 9. 483 ***	– 16. 35 ***
	(– 5. 02)	(– 4. 22)	(– 5. 14)	(– 7. 36)	(– 6. 38)	(– 7. 95)
lnSH^L	4. 849 **	0. 357	1. 552	7. 390 ***	4. 755 ***	6. 198 ***
	(2. 46)	(0. 23)	(0. 79)	(5. 19)	(3. 93)	(3. 94)
lnSH^CF	4. 684	30. 80 ***	27. 65 **	1. 314	13. 37 *	13. 25
	(0. 39)	(2. 74)	(2. 23)	(0. 17)	(1. 87)	(1. 44)
lnSB	—	– 29. 23 ***	– 61. 26 ***	—	– 23. 55 ***	– 48. 34 ***
	—	(– 4. 81)	(– 8. 88)	—	(– 6. 41)	(– 9. 94)
lnSF	– 36. 69 *	—	– 125. 6 ***	– 29. 35 **	—	– 64. 15 ***
	(– 1. 84)	—	(– 5. 94)	(– 2. 11)	—	(– 4. 05)
lnSSB	– 51. 34 ***	– 50. 75 ***	—	– 47. 00 ***	– 45. 83 ***	—
	(– 3. 11)	(– 3. 73)	—	(– 4. 82)	(– 5. 34)	—
门槛区间						
1	– 24. 55 ***	– 34. 06 *	– 86. 02 ***	– 17. 83 ***	56. 00 ***	– 79. 15 ***
	(– 3. 84)	(– 1. 84)	(– 6. 02)	(– 4. 15)	(4. 15)	(– 7. 38)
2	– 28. 29 ***	– 122. 2 ***	– 105. 1 ***	– 23. 40 ***	– 54. 29 ***	– 92. 26 ***
	(– 4. 42)	(– 6. 75)	(– 7. 40)	(– 5. 49)	(– 4. 55)	(– 8. 63)
3	– 39. 81 ***	– 305. 4 ***	– 131. 3 ***	– 33. 84 ***	– 233. 9 ***	– 115. 3 ***
	(– 6. 16)	(– 15. 58)	(– 9. 07)	(– 8. 10)	(– 17. 22)	(– 10. 56)
样本数	2624	2624	2624	6656	6656	6656
R^2	0. 2960	0. 5303	0. 3187	0. 3178	0. 4733	0. 2373
F	43. 01	51. 00	41. 02	107. 69	90. 26	48. 62

注：括号中为 t 值，*、**和***分别表示在10%、5%和1%水平下显著。门槛区间1：$AC \leqslant \lambda_1$；门槛区间2：$AC \in (\lambda_1, \lambda_2]$；门槛区间3：$AC > \lambda_2$。

附表10 上下游 FDI 对 TFP（LP）溢出效应估计结果

因变量	外企 TFP – LP			内资企业 TFP – LP		
核心变量	lnSB	lnSF	lnSSB	lnSB	lnSF	lnSSB
lna	0. 064	– 0. 316 *	0. 116	0. 209 ***	0. 224 ***	0. 547 ***
	(0. 26)	(– 1. 96)	(0. 49)	(3. 52)	(4. 39)	(8. 31)

因变量	外企 TFP – LP			内资企业 TFP – LP		
核心变量	lnSB	lnSF	lnSSB	lnSB	lnSF	lnSSB
EX	– 0. 117	– 0. 182 *	– 0. 310 **	– 0. 088	– 0. 097	– 0. 208 ***
	(– 1. 07)	(– 1. 89)	(– 2. 56)	(– 1. 27)	(– 1. 47)	(– 2. 62)
STATE	0. 304 **	0. 160	0. 285	0. 411 ***	0. 223 ***	0. 280 ***
	(2. 21)	(1. 20)	(1. 44)	(4. 86)	(2. 92)	(2. 96)
$lnSH^{CD}$	– 2. 539 ***	– 2. 621 ***	– 4. 298 ***	– 1. 430 ***	– 1. 854 ***	– 3. 554 ***
	(– 4. 07)	(– 5. 46)	(– 8. 80)	(– 4. 10)	(– 6. 71)	(– 10. 50)
SCALE	0. 444 ***	0. 304 ***	0. 450 ***	0. 403 ***	0. 314 ***	0. 460 ***
	(5. 15)	(4. 38)	(5. 77)	(8. 00)	(7. 81)	(9. 19)
lnD	0. 091 ***	0. 157 ***	0. 275 ***	0. 058 ***	0. 092 ***	0. 166 ***
	(3. 12)	(4. 86)	(6. 36)	(2. 70)	(4. 35)	(6. 10)
lnRD	– 0. 080	– 0. 055	– 0. 068	0. 057 *	0. 068 **	0. 070 **
	(– 1. 11)	(– 1. 07)	(– 0. 99)	(1. 85)	(2. 48)	(2. 09)
lnEDU	0. 216 ***	0. 108 **	0. 219 ***	0. 462 ***	0. 353 ***	0. 505 ***
	(3. 12)	(2. 07)	(3. 94)	(6. 71)	(5. 87)	(7. 27)
lnNEWP	– 0. 002	0. 018 **	0. 004	– 0. 001	0. 008 *	0. 012 **
	(– 0. 23)	(2. 30)	(0. 47)	(– 0. 23)	(1. 72)	(2. 15)
$ln\widehat{FDI}$	0. 110	0. 610 ***	0. 587 **	—	—	—
	(0. 35)	(3. 13)	(2. 21)	—	—	—
lnSH	– 13. 75 ***	– 8. 127 ***	– 16. 09 ***	– 12. 37 ***	– 9. 102 ***	– 16. 34 ***
	(– 5. 10)	(– 4. 22)	(– 4. 99)	(– 7. 03)	(– 6. 08)	(– 8. 01)
$lnSH^L$	4. 956 **	0. 515	1. 332	7. 190 ***	4. 338 ***	6. 207 ***
	(2. 58)	(0. 33)	(0. 66)	(5. 04)	(3. 57)	(3. 97)
$lnSH^{CF}$	3. 776	29. 03 **	28. 44 **	1. 593	15. 35 **	13. 78
	(0. 32)	(2. 59)	(2. 28)	(0. 21)	(2. 15)	(1. 51)
lnSB	—	– 28. 51 ***	– 61. 27 ***	—	– 24. 74 ***	– 48. 70 ***
	—	(– 4. 71)	(– 8. 83)	—	(– 6. 78)	(– 10. 10)
lnSF	– 33. 81 *	—	– 127. 1 ***	– 30. 13 **	—	– 66. 00 ***
	(– 1. 74)	—	(– 5. 96)	(– 2. 16)	—	(– 4. 17)
lnSSB	– 49. 13 ***	– 48. 18 ***	—	– 46. 14 ***	– 48. 53 ***	—
	(– 3. 02)	(– 3. 58)	—	(– 4. 69)	(– 5. 71)	—

续表

因变量	外企 TFP – LP			内资企业 TFP – LP		
核心变量	lnSB	lnSF	lnSSB	lnSB	lnSF	lnSSB
门槛区间						
1	– 23. 51 ***	– 32. 38 *	– 86. 99 ***	– 17. 36 ***	46. 55 ***	– 79. 88 ***
	(– 3. 71)	(– 1. 74)	(– 6. 06)	(– 4. 04)	(3. 42)	(– 7. 50)
2	– 27. 28 ***	– 119. 7 ***	– 105. 6 ***	– 23. 02 ***	– 60. 74 ***	– 93. 13 ***
	(– 4. 31)	(– 6. 61)	(– 7. 42)	(– 5. 39)	(– 5. 01)	(– 8. 76)
3	– 39. 01 ***	– 304. 7 ***	– 132. 3 ***	– 33. 71 ***	– 237. 4 ***	– 115. 4 ***
	(– 6. 07)	(– 15. 58)	(– 9. 10)	(– 8. 05)	(– 17. 33)	(– 10. 64)
样本数	2624	2624	2624	6656	6656	6656
R^2	0. 2949	0. 5309	0. 3144	0. 3160	0. 4710	0. 2334
F	41. 68	49. 32	40. 74	105. 90	91. 40	48. 35

注：括号中为 t 值，* 、* * 和 * * * 分别表示在 10% 、5% 和 1% 水平下显著。门槛区间 1：AC ≤ λ_1 ；门槛区间 2：AC ∈ (λ_1 , λ_2] ；门槛区间 3：AC > λ_2 。

附表 11 上下游 FDI 对 TFP （WRDG） 溢出效应估计结果

因变量	外企 TFP – WRDG			内资企业 TFP – WRDG		
核心变量	lnSB	lnSF	lnSSB	lnSB	lnSF	lnSSB
lna	0. 055	– 0. 310 *	0. 032	0. 221 ***	0. 129 **	0. 517 ***
	(0. 22)	(– 1. 88)	(0. 15)	(3. 71)	(2. 32)	(7. 83)
EX	0. 056	– 0. 033	– 0. 055	0. 135 *	0. 156 **	0. 075
	(0. 51)	(– 0. 34)	(– 0. 45)	(1. 91)	(2. 21)	(0. 95)
STATE	– 0. 162	– 0. 154	– 0. 019	0. 081	– 0. 003	0. 0004
	(– 1. 07)	(– 1. 19)	(– 0. 10)	(0. 96)	(– 0. 03)	(0. 00)
$lnSH^{CD}$	– 2. 464 ***	– 2. 705 ***	– 4. 155 ***	– 1. 392 ***	– 1. 633 ***	– 3. 228 ***
	(– 3. 93)	(– 5. 68)	(– 8. 81)	(– 3. 93)	(– 5. 26)	(– 9. 55)
SCALE	0. 434 ***	0. 334 ***	0. 381 ***	0. 393 ***	0. 288 ***	0. 443 ***
	(4. 90)	(4. 90)	(5. 27)	(7. 69)	(6. 69)	(8. 81)
lnD	0. 097 ***	0. 140 ***	0. 259 ***	0. 061 ***	0. 054 **	0. 159 ***
	(3. 35)	(4. 22)	(5. 83)	(2. 81)	(2. 42)	(5. 90)
lnRD	– 0. 092	– 0. 081	– 0. 128 *	0. 058 *	0. 032	0. 065 *
	(– 1. 28)	(– 1. 43)	(– 1. 94)	(1. 77)	(1. 08)	(1. 83)

续表

因变量	外企 TFP – WRDG			内资企业 TFP – WRDG		
核心变量	lnSB	lnSF	lnSSB	lnSB	lnSF	lnSSB
lnEDU	0. 229 ***	0. 081	0. 204 ***	0. 405 ***	0. 334 ***	0. 493 ***
	(3. 20)	(1. 41)	(3. 61)	(5. 71)	(5. 26)	(6. 98)
lnNEWP	– 0. 004	0. 011	0. 007	0. 001	0. 010 **	0. 009
	(– 0. 42)	(1. 39)	(0. 90)	(0. 27)	(2. 21)	(1. 61)
$\widehat{\ln FDI}$	0. 064	0. 541 ***	0. 581 **	—	—	—
	(0. 20)	(2. 76)	(2. 41)	—	—	—
lnSH	– 11. 73 ***	– 7. 167 ***	– 17. 53 ***	– 11. 32 ***	– 8. 934 ***	– 15. 99 ***
	(– 4. 13)	(– 3. 55)	(– 5. 87)	(– 6. 41)	(– 5. 68)	(– 8. 04)
$lnSH^L$	3. 484 *	– 0. 070	2. 913	6. 476 ***	5. 047 ***	6. 522 ***
	(1. 71)	(– 0. 04)	(1. 60)	(4. 43)	(3. 98)	(4. 32)
$lnSH^{CF}$	13. 23	36. 37 ***	20. 42 *	6. 994	13. 77 *	11. 61
	(1. 06)	(3. 35)	(1. 72)	(0. 89)	(1. 82)	(1. 32)
lnSB	—	– 29. 36 ***	– 58. 04 ***	—	– 17. 46 ***	– 46. 74 ***
	—	(– 5. 04)	(– 8. 53)	—	(– 4. 33)	(– 9. 69)
lnSF	– 53. 36 **	—	– 111. 1 ***	– 35. 32 **	—	– 62. 70 ***
	(– 2. 60)	—	(– 5. 57)	(– 2. 46)	—	(– 4. 09)
lnSSB	– 58. 21 ***	– 56. 00 ***	—	– 52. 11 ***	– 38. 13 ***	—
	(– 3. 46)	(– 4. 37)	—	(– 5. 20)	(– 4. 23)	—
门槛区间						
1	– 26. 01 ***	– 41. 03 **	– 81. 94 ***	– 20. 01 ***	12. 40	– 70. 26 ***
	(– 4. 02)	(– 2. 26)	(– 6. 08)	(– 4. 61)	(0. 95)	(– 6. 65)
2	– 29. 71 ***	– 127. 7 ***	– 99. 43 ***	– 25. 08 ***	– 70. 14 ***	– 87. 47 ***
	(– 4. 64)	(– 7. 15)	(– 7. 35)	(– 5. 82)	(– 5. 56)	(– 8. 30)
3	– 41. 19 ***	– 309. 8 ***	– 125. 2 ***	– 34. 81 ***	– 228. 0 ***	– 111. 5 ***
	(– 6. 36)	(– 14. 42)	(– 9. 11)	(– 8. 22)	(– 15. 71)	(– 10. 35)
样本数	2624	2624	2624	6656	6656	6656
R^2	0. 2829	0. 5111	0. 3265	0. 3041	0. 4478	0. 2281
F	31. 63	48. 14	41. 66	108. 28	85. 27	45. 03

注：括号中为 t 值，＊、＊＊和＊＊＊分别表示在 10% 、5% 和 1% 水平下显著。门槛区间 1：$AC \leqslant \lambda_1$；门槛区间 2：$AC \in (\lambda_1, \lambda_2]$；门槛区间 3：$AC > \lambda_2$。